KB170228

인스타툰으로
온라인 건물주 되기

인스타툰으로
온라인 건물주 되기

초판 1쇄 인쇄 2024년 7월 17일
초판 1쇄 발행 2024년 7월 24일

지은이 김뱁새

발행인 장상진
발행처 (주)경향비피
등록번호 제2012-000228호
등록일자 2012년 7월 2일

주소 서울시 영등포구 양평동 2가 37-1번지 동아프라임밸리 507-508호
전화 1644-5613 | **팩스** 02) 304-5613

ⓒ 김뱁새(김혜빈)

ISBN 978-89-6952-590-1 03320

· 값은 표지에 있습니다.
· 파본은 구입하신 서점에서 바꿔드립니다.

인스타툰으로 온라인 건물주 되기

4년 6개월간
무명이었던 작가가
어떻게 갑자기
떡상하게 되었나?

김뱁새 지음

경향BP

4년 6개월간 무명이었던 과거의 나에게 바치는 인스타툰 가이드북

안녕하세요. 저는 인스타그램에서 '뱁새툰'을 그리고 있는 작가 김뱁새입니다. 인스타그램에 만화를 올리기 시작한 것은 2017년 5월부터예요. 그동안 대학생이었다가, 직장인이었다가, 이제는 전업 작가로서 살고 있습니다.

연재 기간의 절반 이상을 무명작가로 살았던 저는 인스타툰 계정 성장을 기다리며 5년간 본업과 작업을 병행했습니다. 본업에 집중하느라 중간에 몇 개월씩 연재를 멈추기도 했습니다. 가끔은 창작의 꿈을 포기할까도 고민했습니다. 본업과 창작을 해내는 것이 꽤나 힘에 부쳤기 때문입니다.

저만큼 긴 무명 시절을 겪는 인스타툰 작가가 없길 바라는 마음으로 이 책을 쓰게 되었습니다. 전략적으로 인스타툰을 운영해서 빠르게 계정을 성장시키는 방법을 알려 드리겠습니다. 제가 나누어 드릴 수 있는 지식은 다음 5가지입니다.

① 인스타그램 팔로워를 12만 명까지 성장시키며 얻은 계정 성장 전

략과 알고리즘의 비밀

② 500만 명 도달에 성공하는 인기 있는 콘텐츠의 특징

③ 인스타툰 수익화 최소 팔로워 수와 단가 목록

④ 긴 시간 무명으로 지내면서 터득한, 비인기 창작자를 위한 마인드셋

⑤ 계정 성장 후 슬럼프를 극복하며 배운, 지속 가능한 창작을 위한 행동 전략

솔직히 고백하자면 4년 6개월의 무명 시절 동안 '책이나 강의는 보고 들을 필요가 없어. 내가 즐겁게 만화를 그리면 세상에 좋은 영향력을 줄 수 있을 거고, 그러면 자연스럽게 인기도 명예도 돈도 따라올 거야!'라는 생각을 했습니다. 계정의 성장은 알고리즘이라는 '운'에 달려 있다고 생각했고, '계정 성장 전략'이 존재한다는 말은 사기처럼 느껴졌습니다.

그런데 역설적이게도 유명해지고 난 뒤, 제 계정이 성장한 이유가 단순히 '운' 하나 때문이 아니라는 것을 깨달았습니다. 무명 시절과 알고리즘의 선택을 받은 시절의 뱁새툰은 180도 달랐습니다. 캐릭터도, 풀어 가는 이야기도, 작가로서의 행동 방식도 아예 달랐습니다.

이를 통해 알고리즘을 이용하는 성공의 법칙이 있다는 것, 이를 전략적으로 활용한다면 몇 개월 만에도 유명한 작가가 될 수 있었다는 것을 깨달았습니다. 계정이 급격하게 성장한 시기에 제가 했던 모든 것이 인스타그램에서 좋아하는 '성장 전략'이었던 것입니다.

그래서 그 성장 전략에 대해서 책을 써 보기로 했습니다. 과거의 나에게 바치는 가이드북입니다. 인스타툰을 그리는 작가들이 단지 인기가

없다는 이유로 '내가 재능이 없는 건 아닐까?', '이 업은 취미로만 해야 하나?', 그만두는 게 더 나을 것 같다.' 등의 고민을 하지 않았으면, 그림으로 돈을 벌고 인기를 얻을 수 있었으면 하는 생각에 제가 가진 지식과 정보를 공유하겠습니다.

현재 저는 뱁새툰을 연재하며 지속적인 수익화를 이루어 냈습니다. 삼성, LG생활건강, CJ올리브영, 넷플릭스, 하나카드, 카카오 모빌리티, 삼성전자, 이니스프리 등 수많은 기업과 협업하면서 브랜디드 콘텐츠 수익화를 만들었습니다. 클래스 101에 강의를 론칭하여 디지털 드로잉 인기 클래스 1위를 하기도 했으며, 카카오톡 이모티콘으로부터 이모티콘 제안을 받아 론칭하기도 했습니다. 그러다 보니 대기업에 다닐 때보다 훨씬 더 많은 수익을 창출하게 되었습니다.

사람마다 인스타툰을 그리는 이유는 각기 다를 것이고, 목적도 다양할 것입니다. 자아실현, 취미 활동, 독자들과의 친목을 원할 수도 있고 부수입, 퇴사, 사업을 위한 SNS 계정 키우기 등을 원할 수도 있을 것입니다. 어떠한 목적으로 인스타툰을 그리든 간에 계정이 성장하고, 팬이 생기고, 만화를 통해 수익을 얻을 수 있다면 훨씬 더 긴 시간 동안 재미있게 인스타툰을 그릴 수 있을 것이라고 확신합니다.

이 책을 통해 독자 여러분 모두 성공적인 인스타툰 작업을 하고, 계정 성장을 이룰 수 있기를 진심으로 기원합니다.

김뱁새

차례

지금 당장
인스타툰을
시작하라

인스타그램은 2023년 기준 세계에서 8번째로 가장 많이 방문하는 사이트이며, 전 세계에서 가장 많이 다운로드된 앱이고, 월간 활성 사용자 수가 20억 명 이상인 소셜 플랫폼입니다. 사용자들은 월 평균 11.7시간을 인스타그램에서 보내고 있다고 합니다.(출처 : 35 Instagram Statistics That Matter to Marketers in 2024)

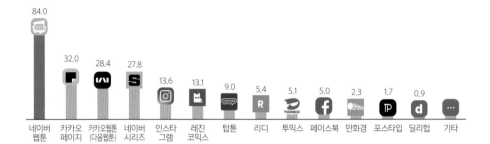

네이버 웹툰	카카오 페이지	카카오웹툰 (다음웹툰)	네이버 시리즈	인스타 그램	레진 코믹스	탑툰	리디	투믹스	페이스북	만화경	포스타입	딜리헙	기타
84.0	32.0	28.4	27.8	13.6	13.1	9.0	5.4	5.1	5.0	2.3	1.7	0.9	

「2023 만화, 웹툰 이용자 실태 조사」보고서에 따르면 13.6%의 이용
자가 인스타그램을 통해 만화를 보고 있습니다. 이는 네이버, 카카오 같
은 강력한 웹툰 플랫폼을 제외한 바로 다음 순위로 (1위 네이버 웹툰 84%, 2
위 카카오페이지 32%, 3위 카카오웹툰 28.4%, 4위 네이버 시리즈 27.8%, 5위 인스타그램
13.6%) 레진코믹스, 탑툰, 리디, 투믹스, 페이스북, 만화경, 포스타입 같
은 앱보다 앞선 소비율을 보여 줍니다.

　다시 말해 인스타툰은 한국 웹툰 시장에서 주 이용 서비스 5위에 들
정도로 유의미한 이용자를 보유하고 있으며, 앞으로 더 많은 작가가 나
타나면 만화를 인스타그램으로 소비하는 이용자도 더 많이 늘어날 것
으로 보입니다. 인스타그램 자체 사용자 역시 점점 더 늘어나고 있으
며, 만약 만화를 번역하여 다른 나라까지 만화를 노출할 경우 캐릭터 IP
사업이나 만화 콘텐츠 사업으로도 충분히 성장할 수 있는 시장입니다.

　네이버 웹툰, 카카오웹툰, 레진코믹스, 탑툰 등 기성 플랫폼의 경우 심
사를 통해 기회를 부여받아야만 연재할 수 있는 시스템인데, 인스타그
램은 심사가 필요 없이, 본인이 원한다면 언제든지 도전할 수 있는 기

회가 가득한 플랫폼입니다.

전업 작가가 아니라도 괜찮습니다. 내가 하는 사업을 홍보하거나, 나를 브랜딩하거나, 크리에이터로 성장하고 싶거나, 나의 경험이나 가치관을 나누고 싶거나, 취미 활동을 하고 싶은 모든 니즈가 인스타툰으로 충족될 수 있습니다.

"인스타툰, 지금 시작하면 늦은 게 아닐까요? 이미 인기 있는 고인물 작가들이 많지 않나요?"라는 질문을 많이 받습니다. 그런데 지금 이 시간에도 '떡상하는' 작가들이 계속 나옵니다. 탐색탭에 떠오르는 수많은 신규 인기 작가들을 보면서 2024년 현재에도 누군가는 새롭게 계정을 성장시키고 수익화를 이룰 수 있다는 것을 다시금 확인할 수 있습니다.

유저의 성향과 기호에 따라 작가가 각기 다르게 추천되는 알고리즘은 여러분에게 새로운 기회를 줄 것입니다. 그러니 시도도 하기 전에 고민하고 주저하기보다 이 책과 함께 인스타툰 계정 성장에 도전해 보시기 바랍니다.

인스타그램 용어 &
알고리즘

이 책의 독자들 중에는 인스타툰과 인스타그램에 익숙한 사람도 많겠지만, 이제 막 시작하는 단계의 사람들도 있을 것입니다. 그래서 인스타툰에 대해 자세히 설명하기 전에 인스타그램에서 사용하는 용어에 대해 먼저 설명하겠습니다.

인스타툰

인스타그램 플랫폼에 올라오는 웹툰을 의미합니다. 인스타그램(Instagram)과 웹툰(Webtoon)의 합성어입니다. 인스타그램은 앞서 언급한 것처럼 타 웹툰 서비스와 달리 누구든지 올릴 수 있다는 점에서 진입 장벽이 낮다는 장점이 있습니다. 인스타그램 자체 유저가 굉장히 많기에 성장 가능성이 높다는 것도 장점입니다.

인스타그램은 글로벌 시장에서 4번째로 많이 사용되는 소셜 플랫폼이자 Z세대가 가장 좋아하는 소셜 플랫폼으로 12~17세 중 61%가 매주 인스타그램을 사용하고 있습니다. 우리나라에서도 인스타그램은 일상에서 흔히 사용되는 앱이기 때문에 잠재 구독자가 굉장히 많다고 볼 수 있습니다.

알고리즘

인스타그램 게시글 순위 지정 원리입니다. 사용자에게 콘텐츠가 노출되는 절차입니다. 인스타그램은 공식 홈페이지에서 단 하나의 알고리즘만 가지고 있지 않다고 공식적으로 밝혔으며, 다양한 알고리즘과 분류 기술·절차를 각각의 목적에 맞게 사용하고 있다고 합니다. 인스타그램에서는 사용자가 최대한 효율적으로 앱을 사용할 수 있도록 개인의 취향에 맞춰 콘텐츠 노출을 개인화하고 있습니다.

　이 알고리즘의 선택을 받아 인스타그램 사용자의 피드, 탐색탭 등에 많이 노출되고 도달할수록 계정이 빠르게 성장할 확률이 높습니다. 여기서는 개념만 정리하고, 6장에서 알고리즘의 비밀에 대해서 더 자세히 다루겠습니다.

크리에이터 계정

　인스타그램을 둘러보면 계정 프로필 아래에 파란 글씨로 '디지털 크리에이터', '작가', '만화책 판매점' 등으로 표기되어 있습니다. 이 표기가 보이는 이유는 인스타그램 계정을 크리에이터 계정으로 설정하면서 비즈니스 카테고리를 설정했기 때문입니다. 이를 설정하는 방법은 다음과 같습니다.

인스타그램 개인 프로필 내 오른쪽 상단 줄 3개 클릭 > 설정 및 개인정보 > 계정 유형 및 도구 > 프로페셔널 계정으로 전환 > 카테고리 선택 > 비즈니스 계정으로 전환 완료

이렇게 비즈니스 계정으로 설정하면 게시물의 성공 수치인 인사이트를 확인할 수 있는 기능이 오픈됩니다.

(*인스타그램 화면 이미지는 2024년 3월 기준으로 새로운 기능 추가나 UI 개편으로 다를 수 있습니다.)

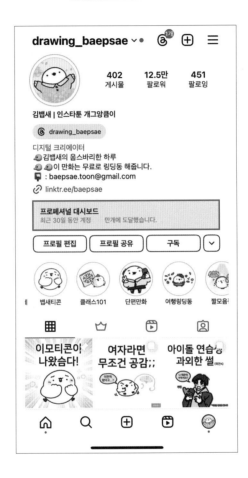

크리에이터 계정에서 계정의 성장세와 게시물마다의 도달, 노출 등의 수치를 정리하여 보여 주는 기능입니다. 개인 화면의 프로페셔널 대시보드에서 인사이트를 볼 수 있습니다.

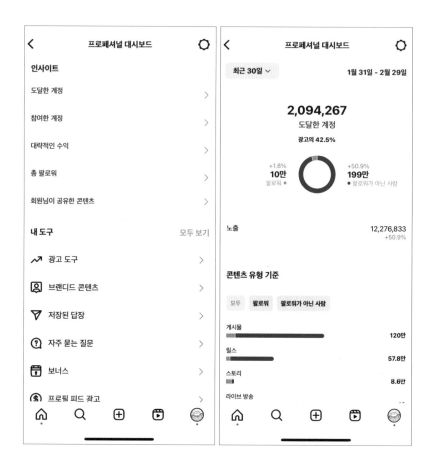

프로필에서 프로페셔널 대시보드에 들어가면 계정 전체의 인사이트를 확인할 수 있습니다. 인사이트에서는 도달한 계정, 참여한 계정, 대략적인 수익, 총 팔로워의 상승률 하락률 등을 한눈에 볼 수 있습니다. 각 항목에 들어가면 보다 자세한 정보를 확인할 수 있습니다.

게시글 인사이트를 보기 위해서는 게시글을 클릭한 후 왼쪽의 '인사이트 보기' 버튼을 누르면 됩니다.

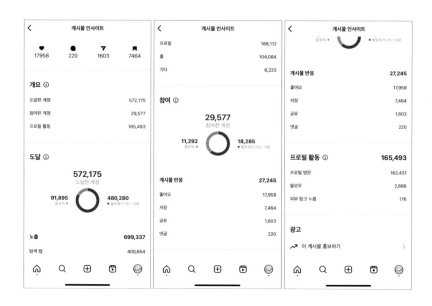

인사이트 보기로 들어가면 게시글이 받은 좋아요 수, 댓글 수, 공유 수, 저장 수가 보입니다. 아래에는 차례대로 ① 개요(도달한 계정, 참여한 계정, 프로필 활동), ② 도달(도달 계정 및 팔로워, 비팔로워 비율, 노출), ③ 참여(참여한 계정 및 팔로워, 비팔로워 비율, 게시물 반응), ④ 프로필 활동(프로필 방문, 외부 링크 누름, 팔로우), ⑤ 광고(게시물 홍보하기)가 보입니다.

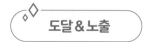

도달 & 노출

도달이란 게시물을 한 번 이상 본 '고유 계정 수'를 의미합니다. 노출은 게시물이 화면에 표시된 횟수입니다. 노출은 한 게시물에 대해 같은 계정에서 여러 번 본 횟수까지 집계합니다.

인사이트 도달 탭에서는 게시글이 도달한 수와 그래프를 보여 줍니다. 그래프에는 팔로워 도달 수와 비팔로워 도달 수가 표시됩니다.

노출은 탐색탭, 프로필, 홈, 기타 영역에서 각각 노출된 횟수를 보여 주며, 그 아래 참여에는 참여한 계정의 팔로워, 비팔로워 비율과 게시물 반응에 대한 요약이 보입니다.

도달과 노출이 높을수록 알고리즘에서 게시글을 많은 사용자에게 퍼뜨려 준 것이니 알고리즘의 선택을 받았다고 볼 수 있습니다.

◦◇◦
탐색탭

인스타그램 플랫폼 콘텐츠를 발견할 수 있는 공간입니다. 이미 팔로우하고 있는 계정, 인스타그램에서 좋아요를 누른 사진 및 동영상, 맞팔하고 있는 사람(연결된 사람)과 같은 요인을 바탕으로 인스타그램에서 자체적으로 유저가 좋아할 만한 콘텐츠를 추천해 줍니다.

홈(피드)

인스타그램 첫 번째 화면으로 내가 팔로우하고 있는 계정, 해시태그에 관련된 최근 게시글 혹은 아직 팔로우하지 않은 계정 중 사용자가 관심을 가질 만한 계정의 게시물을 보여 줍니다.

게시물에 반응을 보인 계정 수를 의미합니다. 반응에는 좋아요, 저장, 댓글 및 공유가 포함됩니다.

해시태그

기호 # 뒤에 특정 단어를 쓰면 그 단어에 대한 글을 분류해 주는데, 이 기능을 해시태그라고 부릅니다. 해시태그 뒤에 #인스타툰, #그림일기, #만화 등을 표기하여 게시글을 등록할 경우 해당 태그에 묶이게 되고, 사용자가 인스타툰을 검색했을 때 해시태그 페이지에 게시물이 노출될 수 있습니다.

사용자는 해시태그를 팔로우할 수 있고, 관련 게시글을 꾸준히 추천받을 수 있습니다. 하나의 게시글에는 최대 30개의 태그를 사용할 수 있으며, 스토리에는 최대 10개의 해시태그를 사용할 수 있습니다.

해시태그는 내 계정을 모르는 사람들에게 연결해 줄 수 있는 기능으로, 독자 타깃과 관련 있는 해시태그와 관련된 인기 해시태그를 포함하는 것을 추천합니다.

릴스

인스타그램 동영상 숏폼을 의미합니다. 인스타그램 공식 홈페이지에 따르면 릴스에 표시되는 콘텐츠는 대부분 사용자가 팔로우하지 않는 계정의 콘텐츠로 채워진다고 합니다. 사용자가 좋아할 만한 릴스를 여러 개 찾은 다음, 그 릴스에 얼마나 흥미를 가질지 예측한 정보를 기준으로 릴스를 정렬한다고 합니다. 예측에 가장 중요한 정보는 사용자가 릴스를 다시 공유하고, 끝까지 시청하고, 좋아요를 누르고, 오디오 페이지로 이동할 가능성이 얼마나 되는지라고 합니다.

인스타그램에 릴스가 출시되면서 인스타그램 알고리즘은 일반 이미지 게시글에 비해 릴스를 훨씬 더 탐색탭에 많이 노출시켰습니다. 그래서 게시글 위주의 인스타툰 작가들의 알고리즘이 큰 타격을 받았습니다.

하지만 2023년 1월 인스타그램 CEO 아담 모세리는 인터뷰에서 릴스를 밀어주던 기조를 바꿀 듯한 뉘앙스의 말을 했습니다. "2022년에는 동영상에 너무 집중했고, 보여 준 동영상 수는 너무 많고, 사진은 충분하지 않았습니다.", "사진을 선호하는 사람들을 위해 균형을 맞추고 있습니다.", "우리는 비디오에 관심을 기울이고 있지만 여전히 사진을 중요하게 생각합니다."라며 릴스와 정지된 이미지 게시글 모두 사용자의 선호도에 따라 고루 노출되게끔 할 것이라고 했습니다.

인스타그램 스토리(줄임말 : 인스스)

24시간이 지나면 사라지는 사진 혹은 동영상 공유 기능을 의미합니다. 스토리는 올린 후 사라지는 장점 때문에 게시글로 업로드하기 부담스럽거나 가벼운 소식을 알리는 데 많이 사용됩니다. 사라진 스토리는 프로필에 스토리 하이라이트로 추가하면 24시간이 지난 후에도 예외적으로 계속 볼 수 있습니다.

스토리 하이라이트를 만들기 위해서는 프로필에 새로 만들기 버튼을 누른 후, 이름을 입력하고 스토리를 선택하면 됩니다. 하이라이트는 수정 및 삭제가 가능하며 24시간 후 사라지는 스토리를 프로필에 고정해 둘 수 있습니다. 인스타툰 작가는 스토리 하이라이트에 본인의 업적·성과 등을 전시할 수 있으며, 광고 진행 시 광고 링크를 고정해 둘 수도 있습니다.

인스타그램 DM

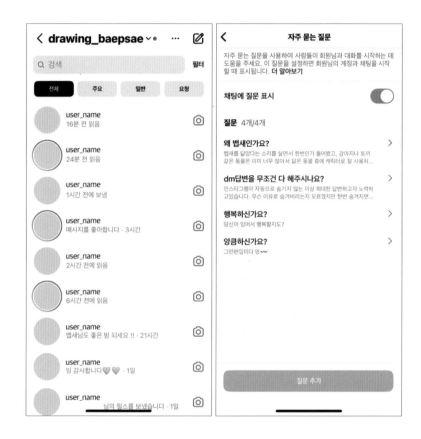

인스타그램 앱 내 메시지 기능으로 사진, 동영상을 보내고 공유할 수 있습니다. 크리에이터 계정의 경우 설정 및 개인정보 〉 비즈니스 도구 및 관리 옵션 〉 자주 묻는 질문 〉 채팅에 질문 표시 〉 질문 추가를 통해 미리 준비된 메시지 답변을 제공할 수 있습니다.

인스타툰을 시작하려면 인스타툰을 그리는 방법을 설정해야 합니다. 디지털 툴로 그릴 수도 있고, 손으로 직접 그려 사진을 촬영할 수도 있습니다. 이 책에서는 디지털 툴로 인스타툰을 그릴 때 필요한 준비물을 소개하겠습니다.

휴대성을 중요하게 생각한다면 아이패드/갤럭시탭 + 펜슬을 마련하는 것을 추천합니다. 디테일한 작업이 필요하다면 노트북/데스크톱 + 판태블릿이 있으면 됩니다.

참고로 저는 대학생 때는 삼성 노트북에 10만 원 이하의 와콤 태블릿을 사용하여 작업했으며, 이후 2017년부터 4년간은 아이패드 프로 10.5인치와 애플펜슬을 메인 작업 툴로 사용했습니다. 현재는 맥북(2018년 구매)에 와콤 태블릿 프로(30만 원 상당)를 연결하여 작업하고 있습니다. 아이패드나 맥북 모두 작업에 큰 지장은 없었습니다. 각각의 장단점은 다음과 같습니다.

구분	장점	단점	추천 대상
아이패드 + 애플펜슬 (갤럭시탭 + 펜슬)	1. 가볍고 휴대하기 편리하여 어디서든 그림을 그릴 수 있다. 2. 손가락 터치와 펜슬을 통해 직접적으로 그림을 그릴 수 있다. 3. 다양한 앱이 지원된다. (Procreate, Clip Studio Paint, Medibang Paint Pro)	1. 신규 구매 시 가격 부담이 있다. 2. 편한 텍스트 작업을 위해서는 추가로 키보드를 구매해야 한다. 3. 바른 자세를 위해서는 거치대를 구매해야 한다. 4. 포토샵, 일러스트레이터 등 전문적인 소프트웨어 작업을 위해서는 컴퓨터 후보정 작업이 필요하다.	1. 심플한 그림 작업이 필요한 사람 2. 초보자 3. 야외 작업을 선호하거나, 간편함을 추구하는 경우 4. 작업 시간이 짧은 사람

| 맥북 + 판태블릿 (노트북 + 판태블릿) | 1. 아이패드보다 넓은 화면에서 작업이 가능하다.
 2. 전문적인 소프트웨어를 통해 디테일한 작업이 가능하다.
 3. 단축키 설정, 키보드 사용, 마우스 사용 등으로 작업 환경이 보다 전문적이다. | 1. 모니터에 직접 그림을 그리는 게 아니라서 숙련될 때 까지 시간이 걸린다.
 2. 태블릿 구매 비용이 든다.(만약 기존에 사용하던 노트북이나 데스크톱이 없다면 가격 부담이 크다.)
 3. 맥북이나 노트북은 무거워서 휴대하기 불편하다. | 1. 디테일한 그림 작업이 필요한 사람
 2. 고정된 장소에서의 작업을 선호하는 경우
 3. 바른 자세로 작업하고 싶은 사람
 4. 작업 시간이 긴 사람 |

선택할 때 고려할 요소는 내가 인스타툰으로 그릴 그림의 스타일이 어떤지, 휴대성을 중요시하는지, 작업의 정밀도를 중요시하는지, 전문적인 그림 프로그램을 사용할 것인지, 예산이 어떻게 되는지 등입니다. 만약 어떤 기기가 잘 맞을지 모르겠다면 가까운 애플, 와콤 매장에 방문하여 직접 사용, 비교해 보면 도움이 될 것입니다.

초보자, 그림 작업 시간이 길지 않은 사람에게는 아이패드나 갤럭시탭에 펜슬을 이용해서 그림 그리는 것을 추천합니다. 평소 종이에 그림을 그리는 것처럼 직접 화면에 대고 그림을 그리기 때문에 적응이 쉽고 편리합니다.

판태블릿은 화면이 아닌 태블릿판에 그림을 그리면 모니터에 나타나는 형태여서 처음에는 기대와 다른 그림이 그려질 수 있습니다. 실수가 잦아 힘들 수 있지만, 꾸준히 사용해서 익숙해지면 쉽게 그림을 그릴 수 있습니다.

집에 노트북이나 데스크톱이 있을 경우 저렴한 중고 판태블릿을 구매하면 10만 원 미만으로 작업 기기 세팅을 마칠 수 있어 최소한의 비용으로 인스타툰 작업을 시작할 수 있습니다.(*물론 태블릿으로는 처음에 그림이 잘 안 그려진다는 점을 감안해야 합니다. 태블릿 그림은 어린이가 새로 글씨를 연습하는 것처럼 사용하는 데 적응 기간이 필요합니다.)

바른 자세를 중시한다면 판태블릿을 추천합니다. 아이패드는 바닥에 놓고 그림을 그려야 해서 자세가 구부정해집니다. 이를 방지하기 위해 거치대를 구매해도 고개를 숙여 화면을 쳐다보는 것은 변하지 않기 때문에 거북목이 심해집니다. 그러나 판태블릿은 정면 모니터를 보면서 작업할 수 있기에 똑바른 자세로 그림을 그릴 수 있습니다.

어떤 툴을 사용할까?

가장 대중적으로 많이 사용하는 툴은 아이패드의 경우 프로크리에이트(Procreate)입니다. 갤럭시탭은 해당 앱이 지원되지 않아 클립 스튜디오(Clip Studio Paint)를 주로 사용합니다. 노트북과 데스크톱에서도 역시 클립 스튜디오를 주로 사용합니다. 두 앱 모두 유료 소프트웨어로 라이선스를 구매하거나 월 구독을 해야 합니다.

그래서 무료 앱인 메디방 페인트 프로(Medibang Paint Pro)로 그림에 입문하는 경우가 많습니다. 저 역시 처음 만화를 그릴 때에는 제가 오랫동안 만화를 그릴지 아닐지 잘 모르겠고, 일단 만화 작업이 제 취향에 맞는지 확인해 보기 위해 무료인 메디방 페인트 프로로 작업을 시작했습니다. 각각의 장단점은 다음과 같습니다.

구분	장점	단점
프로크리에이트	1. 직관적이고 앱 자체 사용이 쉽다. 2. 아이패드 화면에 직접 그림을 그릴 수 있어 편리하다. 3. 가격이 저렴하다(약 15,000원). 4. 다양한 브러시를 제공한다. 5. 인터넷 프로크리에이트 정보가 많고 전용 브러시 구매도 가능하다. 6. 브러시 커스텀 기능이 있다. 7 타임랩스 녹화 기능, 동영상 제작 기능이 있다.	1. 아이패드가 없으면 사용할 수 없다. 2. 전문적인 만화 작업에 필요한 기능이 부족하다. 3. 벡터 도구가 없다. 4. 레이어 수 제한이 있다.
클립 스튜디오	1. 전문적인 만화 작업에 최적화되어 있다. 2. 벡터 도구가 있어 확대해도 화질 저하가 없다. 3. 맥북, 윈도, 아이패드, 갤럭시탭 모두 사용할 수 있다. 4. 무료 다운로드 소재가 많다 (브러시, 텍스처, 장식 등). 5. 단축키를 사용할 수 있다. 6. 본인이 원하는 대로 워크 스페이스를 편집할 수 있다. 7. 벡터 레이어 선 정리가 편리하다.	1. 초보자 진입장벽이 높다. 2. 인터페이스가 복잡해서 익숙해지는 데 시간이 오래 걸린다. 3. 가격이 프로크리에이트보다 비싸다.(*PC의 경우 1번의 구매로 큰 부담이 없지만, 아이패드나 갤럭시탭의 경우 월 구독 형태로 비용이 많이 든다.)

메디방 페인트 프로	1. 무료 2. 앱 사용이 쉽다. 3. 맥북, 윈도, 아이패드, 갤럭시탭 　　모두 사용할 수 있다.	1. 고급 기능이 부족하다. 2. 광고를 봐야 한다.

　아이패드 사용자라면 프로크리에이트를 추천합니다. 앱 사용자가 많아 관련 강의나 정보를 쉽게 얻을 수 있고, 브러시도 쉽게 구매할 수 있습니다. 1번의 구독 비용으로 계속 앱을 사용할 수 있어 부담도 없습니다.

　클립 스튜디오는 무료체험판으로 3개월간 사용할 수 있어 체험해 보고 구매 여부를 결정할 수 있습니다. 복잡하고 디테일한 작업은 클립 스튜디오에서 구현이 더 쉬우니 본인의 작업 스타일에 맞는 프로그램을 선택하는 것이 중요합니다.

　아직 본인의 작업 스타일이 무엇인지 모르겠고, 그림 작업을 테스트해 보고 싶은 거라면 메디방 페인트 프로를 추천합니다. 무료이기에 부담이 없고, 초보가 필요로 하는 작업은 모두 가능합니다. 노트북이나 데스크톱을 가지고 있는 경우 10만 원 이하의 중고 판태블릿을 구매하여 메디방 페인트 프로로 작업을 시작한다면 가장 가성비 있게 인스타툰에 도전할 수 있습니다.

기기가 아이패드 + 애플펜슬(갤럭시탭 + 펜슬)인 경우 최대한 거북목 방지를 위해 거치대를 구매하는 것을 추천합니다. 건강을 위해서는 자세가 구부정해지지 않게 작업하는 게 좋습니다. 또 화면에 종이질감 필름을 붙이면 액정 보호, 그림 그릴 때 미끄럼 방지, 펜슬 펜촉 마모 최소화, 손 지문이 묻는 것을 방지할 수 있습니다. 만화에 들어갈 텍스트를 칠 수 있는 블루투스 키보드를 마련하면 더 빠르게 인스타툰 작업을 할 수 있습니다.

실행 가이드북

1. 이제 본인에게 잘 맞는 작업 방식을 고민해 봅니다. 만약 선택이 어렵다면 수작업과 디지털 작업 2가지 방식을 모두 체험해 보고 결정합니다.
2. 디지털 작업을 선택했다면 나에게 맞는 기기와 툴이 무엇인지 살펴봅니다. 결정 후 구매 속도가 빠를수록 인스타툰 작가가 나에게 맞는지 신속히 테스트해 볼 수 있습니다.

무언가를 해 내기 위해서는 동기부여가 필요합니다. 인스타툰 역시 끊임없이 창작을 해야 하는 장기 레이스이기 때문에 시작하기 전에 왜 내가 인스타툰 작가가 되고 싶은지 창작의 목적, 즉 행동 동기를 설정해 봐야 합니다.

동기의 종류에는 외적 동기와 내적 동기가 있습니다. 외적 동기는 행동의 결과에 대한 보상이나 처벌과 같은 외적인 요인에 의해 발생하는 동기를 의미하고, 내적 동기는 행동 자체에 대한 흥미, 만족감, 도전의식과 같은 내적인 요인에 의해 발생하는 동기를 의미합니다.

예를 들어 외적 동기로는 팔로워 1만 명 달성, 부수입 100만 원 벌기, 타 사이트 연재 제안받기, 책 출판하기 등이 있고, 내적 동기로는 선한 영향력 행사하기, 고유한 가치관 전달하기, 위로의 메시지 전달하기, 창작을 통한 즐거움과 성취감 얻기 등이 있습니다.

심리학에서 말하는 내적 동기와 외적 동기의 차이는 다음과 같습니다.

내적 동기	외적 동기
행동 자체에 대한 흥미, 만족감, 도전 의식 등을 의미한다.	행동의 결과에 대한 보상이나 처벌 등을 의미한다.
동기의 지속성이 비교적 높다.	보상의 여부에 따라 동기의 지속성이 결정된다.
장기적인 목표를 이루기에 효과가 좋다.	단기적인 목표를 이루기에 효과가 좋다.
과정 자체에 초점을 둔다.	결과 자체에 초점을 둔다.

이 표를 얼핏 보면 내적 동기가 외적 동기에 비해 더 중요하다는 느낌이 들지만 실제로는 2가지 모두 중요합니다. 둘 중 하나만으로 꾸준한 창작을 이어 가기에는 한계가 있습니다. 2가지 동기는 상호 보완적인 관계이기에 함께 작용해야 더 시너지가 있습니다.

지금부터 인스타툰 제작을 할 때 내적 동기와 외적 동기를 어떻게 세팅했는지 제 경험을 예로 들며 설명하겠습니다. 저는 대학교 4학년 여름 방학 때 '동물 권리 보호'라는 내적 동기와 '어른을 위한 동화책을 출

연희동 출장집사, 2017

판하겠다.'라는 외적 동기를 가지고 처음 만화를 그리기 시작했습니다.

그때 그렸던 만화는 「연희동 출장집사」라는 만화로 길고양이와 인간의 공존에 대한 내용이었습니다. 내적 동기를 가지고 있었기에 즉각적인 보상(계정의 성장, 인지도 향상, 출판 제의)이 없어도 재미있게 만화를 창작할 수 있었습니다. 그리고 외적 동기를 가지고 있었기에 만화를 지속적으로 연재하여 책 1권 분량을 만들겠다는 의지를 다질 수 있었습니다. 이후 고양이 웹매거진과 학교 커뮤니티 사이트에서 유료 연재 제의를 받았는데, 대학교 4학년 2학기라 바쁜 와중에도 돈을 벌 수 있다는 기쁨으로 만화를 계속 그려 낼 수 있었습니다.

이후 뱁새툰을 그리기 시작했을 때의 내적 동기는 '회사에서 하는 일

말고 나만의 일을 하고 싶다.', '사람들에게 피식 웃을 수 있는 재미를 주고 싶다.'였고, 외적 동기는 '인스타툰으로 인기도 얻고 돈 벌어서 30살 이전에 퇴사해야겠다.'였습니다. 회사 생활과 뱁새툰 창작을 병행하면서 체력적으로 지치고 힘들기도 했지만 '나만의 일'을 하는 기쁨을 느꼈습니다. 또 만화를 그리는 행위 자체에서 창작의 재미를 알게 되었습니다. 주변 지인들이 만화를 보며 재미있어 하거나, 소수의 팔로워가 댓글을 달아 주기 시작하면서 더욱 창작에 흥미를 느끼게 되었습니다.

이후 인스타툰이 알고리즘의 선택을 받아 12만 명 계정으로 성장하고 팔로워가 많아졌습니다. 수많은 좋아요와 댓글을 받으며 인기를 얻자 너무 신나고 황홀했습니다. 정말 신이 난 상태로 한동안 창작에 몰두할 수 있었습니다.

돈도 많이 벌게 되고, 본업의 수익을 넘기면서 잘 다니던 대기업에서 퇴사까지 결정했을 정도이니 당시 제 흥분도는 인생에서 겪은 것 중 가장 컸을 것입니다. 외적 동기가 충족되는 경험은 정말 짜릿했습니다. 그래서 이후에도 더 열심히 창작했고, 마치 신들린 것처럼 만화를 계속 그려 나갈 수 있었습니다.

이렇듯 설정한 내적 동기와 외적 동기가 충족되는 경험은 꾸준한 창작을 할 수 있는 힘이 되어 줍니다. 그러므로 인스타툰을 시작하기 전에 '왜 하는가?'라는 물음을 스스로에게 던져야 합니다. 그렇게 질문함으로써 내가 바라는 것을 알게 되고, 내 바람을 충족하기 위한 노력을 하게 될 것입니다. 비단 창작뿐 아니라 인생에서 어떤 일을 하게 될 때도 크고 작은 동기들이 있다면 그게 원동력이 되어 행동의 연료로 사용할 수 있을 것입니다.

실행
가이드북

1. 내가 인스타툰 작가가 되고 싶은 이유에 대해 적어 봅니다. 이유를 여러 가지 적다 보면 내적 동기와 외적 동기로 분류가 될 것입니다.
2. 내적 동기는 외적 보상이 주어지지 않는 시기에 여러분에게 큰 원동력이 되어 줄 것입니다. 외적 동기가 충족되는 날까지 내적 동기로 꾸준한 창작을 해 나가야 합니다.

인스타툰
캐릭터 전략
세우기

인스타툰의 대표 캐릭터는 만화를 대표하는 화자이므로 매우 중요
한 역할을 합니다. 캐릭터의 디자인에 따라 똑같은 만화여도 느낌이 달
라집니다. 그림을 그리지 못하는 것은 상관없지만 캐릭터의 매력이 없
는 것은 문제가 됩니다. 캐릭터의 매력에 따라 계정의 성장에 큰 차이
가 있기 때문입니다. 제 사례를 들어 설명하겠습니다.

캐릭터가 계정에 미치는 영향

2017년에는 뱁새를 위 이미지처럼 그렸습니다. 캐릭터에 대한 큰 고민 없이, 뱁새의 얼굴을 인간 외형으로 그렸습니다. 해당 캐릭터는 귀엽지 않았습니다. 지자체에서 개발한 인기 없는 캐릭터보다 못생긴 캐릭터였습니다.(지자체 캐릭터들아, 미안하다!)

뱁새와 함께 등장하는 캐릭터들도 마찬가지로 위와 같은 외형을 지니고 있다 보니 캐릭터 자체에서 느껴지는 특색이 없었습니다. 뱁새라

는 동물이 지닌 귀여움도, 캐릭터의 개성인 광기나 웃긴 점 등도 외적
으로 떠올리기 어려운 그림체였습니다.

그래서 2019년부터는 캐릭터를 조금 더 단순화시키고, 몽글몽글한 펜
으로 동화 같은 느낌을 주고자 했습니다. 하지만 뱁새의 웃긴 성격과 상
충되는 그림체로 캐릭터성을 드러내기에는 효과가 좋지 않았고, 여전
히 비례와 균형이 맞지 않았습니다. 이 캐릭터로 2020년 5월까지 인스
타툰을 연재했지만 뱁새 캐릭터를 좋아하는 팬은 나타나지 않았습니다.
그 후 김뱁새라는 캐릭터를 보면 '귀엽다'는 느낌과 '웃기다'는 느낌
을 동시에 주고 싶어서 변화를 도모했습니다. 기존에 우리가 알고 있
는 오목눈이라는 귀여운 동물의 특성에 맞추어 동글동글하고 짤막하게
외형을 변형시키고, 몸의 비율도 몸:머리를 1:1로 바꾸었습니다. 테두
리 펜도 얇은 것에서 두껍고 질감이 느껴지는 것으로 바꾸어 외형과 어
울리게끔 했습니다. 그리고 이목구비 배치를 변경했는데, 눈과 부리를
얼굴의 중앙에 몰아넣어 귀엽고 맹한 느낌을 주었습니다. 이렇게 그림

체를 발전시키자 댓글에 '뱁새 귀엽다'라는 반응이 생기기 시작했습니다. 그리고 더 빠른 속도로 인스타툰의 계정이 성장하기 시작했습니다.

꼭 캐릭터 하나만의 변화 때문은 아니겠지만 극명하게 노출과 반응이 달라졌고, 이를 통해 같은 내용의 콘텐츠라도 어떤 화자가 전달하느냐에 따라 호감도가 달라진다는 것을 몸소 체험할 수 있었습니다. 메인 화자인 캐릭터의 외형을 바꾸거나 그림체를 보완한 후 더욱 빠르게 팔로워가 증가했습니다.

특색이 느껴지고 개성이 있으며 조화로운 비례를 가진 캐릭터는 매력이 있을 수밖에 없습니다. 저는 미술을 제대로 배워 본 적이 없다는 이유로 캐릭터를 아무렇게나 그리다 보니 시행착오 기간이 길었습니다. 물론 대충 그린 그림으로 보이는 그림체의 캐릭터 중에도 사랑받는 캐릭터가 많습니다. 하지만 그런 캐릭터들은 대부분 단순히 '못 그린 그림, 못생긴 그림'이 아닙니다. 피카소가 추상화를 그린 것처럼 추상화 스타일의 캐릭터입니다.

하지만 초보자라면 처음부터 완벽하게 그리지 않아도 괜찮습니다. 꾸준히 캐릭터를 개선시키며 매력을 업그레이드하면 됩니다. 캐릭터 자체가 가지는 파워가 계정의 성장과 갖는 연결고리는 어마어마하기 때문에 이를 보완하는 것만으로도 계정의 성장에 큰 도움이 될 것입니다.

캐릭터 콘셉트 정하기

이제 본격적으로 캐릭터의 콘셉트를 정해 보겠습니다. 이를 위해서는 먼저 캐릭터의 종류, 성격, 특징 등을 결정해야 합니다. 캐릭터의 종류로는 크게 인간 캐릭터, 동/식물 캐릭터, 사물 캐릭터 3가지가 있습니다.

인간 캐릭터로는 성별과 연령에 따라 아기, 어린이, 청소년, 청년, 중년, 장년의 남/녀가 있습니다. 동/식물 캐릭터로는 토끼, 강아지, 곰, 호랑이, 뱁새, 참새, 공룡, 고양이, 감자, 고구마, 당근 등이 있습니다. 사물 캐릭터로는 눈사람, 상자, 만두, 호빵, 붕어빵 등이 있습니다.

인간 캐릭터로 만화를 연재할 때의 장점은 현실감이 높아 독자들에게 친숙함을 줄 수 있다는 것입니다. 복잡한 감정과 심리를 비교적 잘 표현할 수 있고 그 덕에 독자와 감정적으로 잘 연결될 수 있다는 장점이 있습니다.

또 향후 작가의 본캐가 얼굴이나 외형을 공개했을 때 작가와 캐릭터 간의 차이가 적어서 둘 사이에서의 괴리감이 덜 느껴지기에 캐릭터와 작가가 동일시되기 쉽습니다. 이는 광고툰을 작업할 때 장점이 될 수 있습니다. 특히 화장품이나 의류 광고 등에 본인을 노출할 경우 캐릭터와 외형이 유사하여 제품을 홍보할 때 작가/캐릭터의 사용 후기 등을 공개하면 시너지 효과가 있을 수 있습니다.

동/식물캐릭터

동/식물 캐릭터는 인간 캐릭터에 비해 형태가 단순합니다. 이미 모티브로 한 동물이 존재하기에 대중적인 작품에 적합합니다. 그림 실력이 부족한 초보자라도 인간 캐릭터를 그리는 것에 비해 귀여운 느낌을 만들어 내기가 비교적 쉽습니다. 캐릭터에 옷을 입히지 않아도 어색하지 않고, 헤어스타일 등도 필요 없는 경우가 많기에 작업 시간이 덜 소요

된다는 장점이 있습니다.

다만 인간 캐릭터에 비해 감정과 복잡한 사고를 표현하는 데 제약이 있을 수 있습니다. 토끼, 고양이, 곰돌이, 강아지, 새 등 친근한 동물 캐릭터는 누구나 캐릭터화하기 쉬워서 유사한 캐릭터가 시장에 있을 수 있습니다. 그래서 똑같은 동물일지라도 특색이 느껴지도록 캐릭터의 외형에 색다른 특징을 부여하는 것이 중요합니다.

사물 캐릭터

사물 캐릭터의 경우 인간 캐릭터, 동/식물 캐릭터에 비해 비교적 드물게 제작되기 때문에 독특하고 창의적인 이미지를 연출할 수 있습니다. 인스타툰 시장에는 인간, 동물 캐릭터가 가장 많고, 식물 캐릭터가 종종 있으며, 사물 캐릭터는 아직 많지 않습니다. 캐릭터로 독창성을 표현하고자 한다면 사물로 캐릭터를 만들어 보는 것 자체가 신선할 수 있습니다. 일상에서 흔히 볼 수 있는 삼각김밥, 밥솥, 라면, 우동 등 사물을 모티브로 하여 캐릭터를 만들 수 있습니다.

혼합 캐릭터

혹은 위 3가지 종류를 섞어서 캐릭터를 제작할 수도 있습니다. 인간 캐릭터에 귀여움을 더하기 위해 동물 머리띠를 씌운다든지, 동물 캐릭터에 특색을 더하기 위해 붕어빵 모자를 씌울 수 있습니다. 또 사물 캐릭터에 친근감을 더하기 위해 얼굴은 삼각김밥인데 몸은 인간과 유사하게끔 팔, 다리를 붙이고 가방이나 모자 등을 씌울 수도 있습니다.

캐릭터 디테일 설정

캐릭터의 종류를 정하고 나면 성격을 고려해서 캐릭터의 주요 색상을 결정할 수 있습니다. 활기찬 성격의 캐릭터라면 밝은 색감으로 이를 드러낼 수 있고, 진중하고 진지한 이야기를 풀어 나갈 거라면 짙고 어두운 색을 활용해서 성격과 어울리는 캐릭터를 디자인할 수 있습니다. 단색으로 캐릭터를 디자인할 경우 이야기가 더 진중하게 보이는 효과가 있습니다.

성격에 맞는 말투도 정할 수 있습니다. 친근하고 가벼운 성격이라면 반말과 인터넷 용어를 자주 사용할 것이고, 무거운 성격이라면 정중한 존댓말 투로 이야기를 풀어 나갈 수 있습니다. 제 캐릭터인 김밥새의 경우 까불거리는 말투와 '링딩동', '어랍쇼', '웁스바리', '얼라리요'

등의 특색 있는 추임새를 반복 사용하여 광기 있는 뱁새의 성격을 드러내고 있습니다.

그 밖에 캐릭터가 입는 옷의 종류나 액세서리 등도 고려할 수 있습니다. 직업/성별/연령에 맞는 옷을 입혀서 콘셉트를 더욱 세부적으로 정할 수 있습니다. 예를 들어, 의사·약사 등 의료 직종의 캐릭터들은 해당 직업을 떠올릴 수 있는 아이템인 가운을 입혀서 한눈에 캐릭터의 특성을 알아보게 할 수 있습니다. 요리사 모자를 씌우면 설명하지 않아도 캐릭터의 직업이 유추되고, 유치원 원복을 입혀서 캐릭터의 나이대를 알기 쉽게 할 수도 있습니다.

외모 형태 정하기

콘셉트를 정한 이후에는 얼굴 모양과 눈, 코, 입, 머리카락, 털, 체형 등에 콘셉트를 반영하며 외모와 형태를 디자인하는 과정이 필요합니다. 정통 웹툰의 그림체와 달리 인스타툰은 캐릭터가 귀여운 것이 매력 포인트입니다. 귀여운 캐릭터를 위한 5가지 원칙을 소개하겠습니다.

① 얼굴에 비해 작은 몸을 지닌 가분수 비율
② 큰 눈에 작은 코와 입
③ 둥글고 부드러운 모서리

④ 복잡하지 않은 간단한 선

⑤ 짧은 다리

이 원칙의 공통점은 캐릭터의 외형을 통해 어린 동물이나 아기를 연상시키는 것입니다. 독자는 캐릭터를 보고 어린 동물이나 아기를 떠올리면서 자연스럽게 귀여움을 느낄 수 있습니다.

앞서 뱁새 캐릭터의 외모 변천사를 소개하면서 '아재' 같았던 캐릭터가 '아기'처럼 변한 모습을 보여 드렸습니다. 이미 캐릭터를 만든 분들이라도 추후에 귀여운 캐릭터 원칙을 적용하여 외모 형태를 디자인하면 똑같은 성격이라도 훨씬 더 매력적인 캐릭터가 될 수 있습니다.

하지만 귀여운 캐릭터가 아닌 독특하고 개성 있는 캐릭터로도 충분히 성공할 수 있습니다. 일명 병맛 그림체의 캐릭터는 넘쳐나는 귀여운 캐릭터 세상에서 오히려 돋보일 수 있습니다. 또 정통 웹툰과 같은 인물 그림체 역시 다른 인스타툰과 차별화할 수 있는 포인트가 될 수 있습니다.

캐릭터의 형태 못지않게 중요한 캐릭터의 이름을 짓는 방법을 알려드리겠습니다. 우선 캐릭터 이름을 정할 때 고려해야 할 사항은 다음과 같습니다.

독창적일 것

제가 처음에 캐릭터를 정할 때 간과했던 사항입니다. '뱁새'라는 동물

이름을 그대로 사용했기에 사람들에게 인지되기는 쉬웠지만, 포털사이트에 '뱁새'를 검색하면 절대 제 캐릭터와 관련된 자료는 나오지 않았습니다. 또한 유사한 활동명으로 이곳저곳에서 활동하는 다양한 사람을 볼 수 있었습니다. 그래서 나중에 제 성인 '김'을 붙여 김뱁새로 이름을 변경했습니다. 흔한 고유명사를 사용할 경우 성을 붙이거나 수식어를 붙여서 킹뱁새, 갓뱁새, 앙뱁새, 배배뱁새 등으로 차별화를 주는 것을 권합니다. 하지만 웬만하면 고유명사는 사용하지 않는 것이 독창적인 이름을 짓는 데 도움이 됩니다.

독창적인 이름을 짓기 위해서는 다음과 같은 방법을 활용할 수 있습니다.

① 단어를 조합한다.

단어를 2가지 이상 조합하여 새로운 이름을 만들어 내는 방법입니다. 예를 들어, 과일과 동물을 조합하여 캐릭터의 이름을 만들 수 있습니다. 바나나와 원숭이를 합쳐서 '나나몽'이라고 이름 지을 수 있습니다. 성을 붙이거나 수식어와 조합하여 단순한 이름에 독창성 한 스푼을 넣어 볼 수도 있습니다.

② 숫자를 넣는다.

이름에 숫자를 넣어서 독특한 느낌을 줄 수 있습니다. 예를 들어, 나나몽에 숫자 2를 넣어 '투나몽'으로 이름을 바꿀 수 있습니다.

③ 단어를 늘리거나 줄인다.

단어를 길게 늘리거나 줄여서 이름을 지을 수 있습니다. 예를 들어, 뱁새의 경우 '배배배뱁새', 나나몽의 경우 '나몽' 등으로 이름을 바꿀 수 있습니다.

발음이 쉽고 기억하기 좋을 것

세상에 단 하나뿐인 이름을 짓겠다며 '엁탋폻캍' 등과 같은 이름으로 활동한다면 발음도 어렵고 기억하기도 어려울 것입니다. 발음이 쉽고 기억하기 좋은 이름을 사용하는 것이 중요합니다.

다른 캐릭터와 중복되지 않을 것

다른 캐릭터의 이름과 중복된다면 나중에 시비에 휘말릴 수도 있고 독창적인 느낌을 드러내기 어렵습니다. 이미 유명한 캐릭터, 열심히 활동 중인 캐릭터와 최대한 다른 이름을 짓는 것이 장기적인 관점에서 유리합니다.

유명한 캐릭터의 이름을 떠올려 보면 대부분 길이가 길지 않습니다. 미피, 헬로키티, 짱구, 쿠마몬, 리락쿠마, 마리오, 스티치, 피카츄, 마이멜로디 등 5글자 내외 길이의 이름이 기억에 잘 남는다는 것을 고려하여야 합니다.

위의 4가지 사항을 참고하여 이름을 지으려고 하는데, 아이디어가 잘 떠오르지 않는다면 평소 본인이 불리던 애칭이나 별명을 이용하는 것을 추천합니다. 저는 이름에 '혜'자가 들어가서 별명에 '햄니', '햄짱', '해콩' 등으로 불리기도 했는데, 이런 별명을 활용하여 캐릭터 이름을 짓는 데 아이디어를 얻을 수도 있습니다.

캐릭터의 외형적 특색에 맞게 이름을 지을 수도 있습니다. 예를 들어, 키가 작은 조그마한 캐릭터의 이름은 조구미, 쪼꾸미, 쪼꼬미 등으로 지을 수 있는데, 독창성이 부족하다면 다른 단어나 숫자를 조합하여 나나쪼꼬미, 투나쪼꼬 등으로 이름에 변주를 줄 수도 있습니다. 혹은 수식어를 붙여서 킹쪼꼼, 쪼꼼왕, 앙쭈꿈 등으로 이름을 바꿀 수도 있습니다.

Instagram

나만의 캐릭터
만들기

캐릭터의 콘셉트 구상, 외모 형태 설계, 이름 결정까지 마무리했다면 캐릭터를 직접 그려 보세요. 지금부터 디지털 툴로 캐릭터 그리는 과정을 소개하겠습니다.

캐릭터 디자인은 수정 작업을 거치면서 완성되는 것이기에 초기에는 러프하게 디지털 툴로 이미지를 구현해 보는 방법을 알려 드리겠습니다. 아이패드 앱인 '프로크리에이트'를 활용한 방법입니다. 프로크리에이트의 '대칭 기능'을 활용하여 러프한 캐릭터를 그려 보겠습니다.

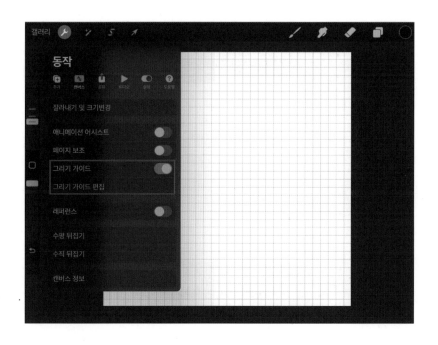

　스페어 모양의 설정에서 캔버스를 누르고 그리기 가이드를 활성화시
키면 아래에 '그리기 가이드 편집'이 뜹니다.

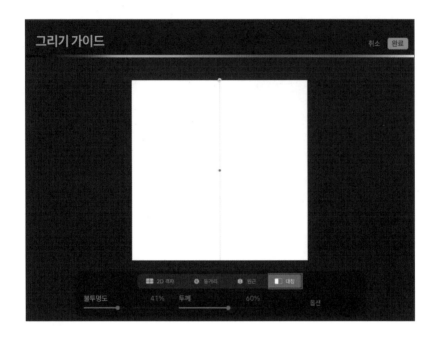

'그리기 가이드 편집'을 누르면 제일 오른쪽에 대칭 버튼이 있습니다.
이 버튼을 눌러서 대칭선을 만들 수 있습니다. 확인 버튼을 눌러 줍니다.

그러면 레이어에 한글로 보조, 영문으로 assisted라고 적혀 있는 '대
칭' 활성화 표시가 뜹니다.

이제 한쪽에 형태를 그리면, 반대쪽에 대칭이 되어 캐릭터 그림이 완성됩니다. 그림을 그릴 때에는 귀여운 캐릭터의 법칙 5가지를 떠올리면서 그림을 그려 주세요. (① 얼굴에 비해 작은 몸을 지닌 가분수 비율, ② 큰 눈에 작은 코와 입, ③ 둥글고 부드러운 모서리, ④ 복잡하지 않은 간단한 선, ⑤ 짧은 다리)

대칭 기능을 활용하면 엄청나게 많은 형태의 캐릭터를 짧은 시간 안에 그려 낼 수 있습니다. 이렇게 만들어진 캐릭터 중 마음에 드는 캐릭터의 형태를 발전시켜서 완성된 캐릭터의 형태로 만들어 낼 수 있습니다.

　올가미 툴을 이용해서 하나의 캐릭터를 선택한 다음, 복사-붙여넣기를 해 줍니다. 그 후에 마우스 왼쪽 버튼을 꾹 눌러서 드래그하여 갤러리(gallery)로 보낸 뒤 마우스를 풀면 새로운 파일에 캐릭터 스케치가 옮겨집니다.

새롭게 생성된 파일을 연 다음 레이어 > N을 눌러서 불투명도 프로
그레스 바를 조정하고, 새로운 레이어를 추가하여 캐릭터를 정교하게
그립니다.

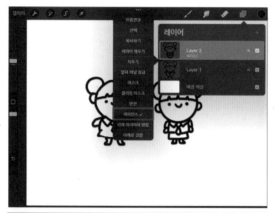

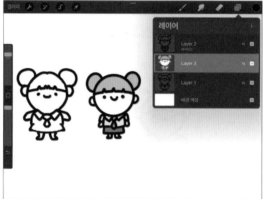

콘셉트 단계에서 정했던 색상 톤을 고려하여 어울리는 색을 골라 채색합니다. 이후 채색한 부분을 수정할 경우 쉽게 하기 위해 선 레이어 밑에 새로운 레이어를 추가하여 채색을 진행하는 것이 좋습니다. 레퍼런스 기능을 활용하여 캐릭터 라인 레이어 밑에 색을 칠해 줍니다. 해당 기능은 채색 영역을 따로 그리지 않아도 기존에 그려진 그림을 참고하여 채색 범위를 설정해 주는 기능입니다. 이렇게 하면 간단하게 캐릭터를 완성시킬 수 있습니다.

TIP : 이미지로 이해가 되지 않는다면 클래스 101 강의 「4.6년 무명 시절 청산! 10만 김밥새의 인스타툰 인기 작가 되는 법」 중 2-4강을 수강하는 것을 추천합니다. 현재 2-4강을 무료로 오픈해 두었으니, 아래 QR 코드로 확인해 보세요!

1. 캐릭터 콘셉트를 정합니다. 캐릭터는 어떤 종류인지, 외모는 어떤지 결정합니다.
2. 캐릭터의 이름을 정하기 위해 캐릭터의 특징에 맞는 단어 여러 가지를 적어 조합해 보며 여러 후보를 만듭니다.
3. 나만의 캐릭터를 그려 봅니다. 수작업으로 직접 그려 볼 수 있는 칸을 준비합니다. 그려진 캐릭터를 수정·보완하며 발전시킵니다.

인기 있는
인스타툰 콘텐츠
주제 찾기

Instagram

팔로워를 늘리는
인스타툰 쭈제 찾는 법

인스타툰을 시작하기 전에 예비 작가들이 가장 많이 고민하는 부분은 2가지로 나뉩니다. '어떤 주제로 인스타툰을 그려야 할지 모르겠다.', '그림을 계속 그리는데 팔로워가 늘지 않는다.'입니다.

어떤 주제로 인스타툰을 그려야 할지 모르겠어요

이 고민을 가진 분들을 위해 14가지 대주제를 정리해 보았습니다.

① 학교생활	② 직장	③ 연애
④ 결혼	⑤ 출산	⑥ 육아
⑦ 여행	⑧ 패션(뷰티)	⑨ 동물
⑩ 운동/건강	⑪ 경제/비즈니스	⑫ 어학/교육
⑬ 푸드/술	⑭ 힐링/위로	

더 많은 종류의 주제가 있지만, 크게 분류하면 이 14가지로 만화의 주제가 정해집니다. 한 계정에서 대주제 하나를 기반에 두고 다른 주제들을 소주제로 다루는 경우도 있습니다. 예를 들어, 제가 운영하는 뱁새툰의 경우 학교생활 + 연애를 섞어서 초·중·고에서의 로맨스를 풀어 나갔습니다. 다른 작가님의 경우 경제/비즈니스 관련 재테크 만화를 그리면서 여행할 때 비용을 아끼는 방법으로 주제를 세분화하기도 합니다.

이런 인스타툰 계정은 게시글이 전반적으로 관통하는 주제가 있기에 특정 관심사를 가진 독자를 타깃팅할 수 있습니다. 그래서 유저를 유입시키고 팔로워로 전환시키는 데 강점이 있습니다.

어떤 독자를 대상으로 만화를 만들 것인지, 어떤 장르의 만화를 만들 것인지, 어떤 메시지를 전달하고 싶은지 생각하면서 주제를 설정할 수 있습니다. 한 번 주제가 설정되면 만화의 방향성이 결정됩니다. 정보 전달을 위주로 하는 경제/비즈니스 만화, 재미와 공감대 형성을 위주로 하는 연애 만화, 공구와 광고에 특화할 수 있는 패션·뷰티 만화 등 주제에 따라 만화의 성격이 정해집니다.

그림을 계속 그리는데 팔로워가 늘지 않아요

이 고민을 가진 분들을 위해 주제 정하기의 중요성을 정리해 보겠습니다. 관통하는 주제가 없는 인스타툰 계정의 경우 만화를 계속 그려도 인기를 빠르게 얻기는 쉽지 않습니다. 사실 제가 오랜 시간 무명이었던 이유 역시 특정한 주제 없이 인스타툰 계정을 운영했기 때문입니다.

팔로워가 늘어나려면 예비 독자의 탐색탭에 내 만화가 떠야 합니다. 그렇게 뜬 만화를 예비 독자가 한 편 본 다음 다른 작품이 궁금해서 인스타그램 프로필에 유입되어야 합니다. 그리고 다른 게시글을 둘러보면서 자신의 관심사와 비슷하다고 판단하여 팔로우를 해야 합니다.

하지만 일관된 주제가 없으면 게시글의 성격이 중구난방이기 때문에 '어? 나는 A를 기대하고 계정에 방문했는데 A이야기는 더 이상 없네?' 하고 떠나가게 됩니다. 주제가 일관되지 않으니 굳이 팔로우를 할 만한 트리거 콘텐츠가 없는 것입니다.

제 사례를 들어 보겠습니다. 뱁새툰을 시작하면서 초기에 그렸던 만화는 그림일기 그 자체였습니다. 청재킷을 입고 온 날 퇴근길에 지하철에서 청재킷을 입은 사람을 만나 부끄러웠던 이야기, 중학생 때 소녀시대 스키니진이 유행해서 구매했던 이야기, 맥북프로 외부에 필름을 잘못 붙인 이야기, 엄마 아빠가 성지순례를 떠난 이야기 등 특정한 주제 없이 그날그날 떠오르는 만화를 그렸습니다.

청자켓을 입고 온 날 퇴근길...

뱁새는 자켓 동지를 만났다.

내릴 때 보니 앞자리 분도 청자켓 동지였다.

안녕.. 청자켓

이러한 그림일기 유형의 인스타툰 계정이 유일하게 떡상할 수 있는 포인트는 '대박 재미' 혹은 '대박 매력적인 캐릭터'인데 아쉽게도 제게 그런 감각은 없었습니다.

주제가 있다면 앞으로 독자들이 이 계정에서 어떤 내용이 나올지 기대와 예측이 되기 때문에 팔로우를 하고 다음 만화를 기다릴 것입니다. 하지만 특정 주제 없이 그냥 자기가 하고 싶은 말만 한다면 '아 그렇군.' 하고 팔로우 없이 떠나갈 확률이 높습니다.

제 경우에는 초기에 연재했던 그림일기에서 어느 순간 힐링과 깨달음을 주제로 감동스러운 만화를 그려 나갔는데, 주제가 명확해지자 팔로워 700~800명이었던 계정이 갑자기 6,000명의 팔로워를 가진 계정으로 성장했습니다.

하지만 평소 성격상 힐링 만화만을 그리기에는 몸속의 흑염룡이 날뛰었고, 그래서 주제를 '학교생활'로 바꾸었습니다. 「기숙사 10인 1실 썰」이라는 시리즈물로 고등학교 시절 기숙사에 살았던 이야기를 풀어 나가기로 했습니다.

당시 대한민국 국민 대부분이 고등학생 시절을 겪었을 것이라고 생각했고, 인스타그램 유저 중 학생이 많을 것으로 판단하여 10대 중·후반 ~20대 초반의 여성과 남성을 타깃으로 잡고 만화를 그려 나갔습니다.

「기숙사 10인 1실 썰」이라는 시리즈에서는 고등학생 때 기숙사에서 10명이 살았던 이야기를 통해 학교라는 공동체에서 벌어지는 이야기를 전달했습니다. 이 시리즈를 연재하면서 계정이 3만 팔로워까지 성장했습니다.

이어서 「일진에게 찍힌 썰」이라는 시리즈를 연재했습니다. 중학교 때 반에 있던 일진 연습생에게 괴롭힘을 당했으나 이겨 낸 이야기입니다. 일관되게 학창시절 이야기를 풀어 나가니 「기숙사 10인 1실 썰」을 통해 유입된 사람들이 떠나가지 않았습니다.

다음으로는 「일진이 날 좋아한 썰」이라는 시리즈로 중학교 때 학교에서 있었던 로맨스 해프닝에 대해서 풀어 나갔습니다. 이렇게 연속 3개의 학창시절 시리즈를 같은 주제로 그려 나가니 팔로워가 11만 명까지 늘었습니다. 이때 동일한 주제로 인스타툰을 연재하는 것이 계정의 성장에 지대한 영향을 준다는 것을 알게 되었습니다. 만약 제가 「기숙사 10인 1실 썰」을 그리다가, 재테크 툰을 그리다가, 강아지 키우는 툰을 그렸다면 타깃이 되는 독자층이 자꾸 변해서 기존 팔로워가 계속해서 빠져나가는 상황을 겪었을 것입니다.

이후로 고등학교 때의 연애, 초등학교 때의 연애 등을 풀어 가면서 모든 콘텐츠를 학교생활이란 큰 주제를 벗어나지 않고 연재했습니다. 이렇게 계정의 성격을 강화해 나갔습니다.

하지만 똑같은 주제에서 계속 같은 이야기를 하는 것에는 제약이 있을 수 있습니다. 소재가 고갈되거나 지루해질 수 있기 때문입니다. 그래서 인기를 얻은 이후에는 주제를 더 확장하여 내 계정에서 다룰 수 있는 주제의 범위를 넓혀 가는 것이 좋습니다. 작가의 이야기를 기대하는 팬층이 두터워진 상태라면 일관된 캐릭터성으로 다양한 주제의 이야기를 풀어 나가도 계정의 인기가 유지됩니다. 일대기적 구성을 하는 인스타툰 작가들 중에는 직장 생활 이야기를 하다가 자연스럽게 결혼·출산·육아로 주제가 바뀌는 경우가 많습니다. 연재를 하면서 독자들도 함께 나이 들어 가니 변화하는 주제에 더욱 공감하기도 합니다.

그래서 저도 인기를 얻은 후에는 다양한 주제로 일상툰을 그렸습니다. 학창시절뿐 아니라 직장 생활 혹은 어른이 된 후의 연애까지 다양하게 만화를 만들었습니다. 하지만 초기에 가장 인기 있었던 주제가 학교생활이었기에 한동안은 학창 시절과 관련된 만화를 그릴 때 콘텐츠에 대한 반응이 더 좋았습니다. 그 이유는 제 계정을 팔로우하는 분들이 뱁새툰에서 기대하는 콘텐츠가 학창 시절의 이야기이기 때문입니다.

이와 같이 계정을 빠르게 성장시키고 싶다면 뚜렷한 주제를 설정하여 예비 독자들에게 예측 가능성을 주는 것이 좋습니다. '아, 이 작가를 팔로우하면 계속 이런 느낌의 콘텐츠를 볼 수 있겠구나.'라는 생각이 들면 팔로워가 늘어나고 팬도 생길 수 있습니다. 즉 독자의 클릭에 이어 팔로우까지 이어지기 위해서는 계정의 홈화면에서 확연하게 느껴지는 주제가 있는 것이 중요합니다.

빠르게 성장한 작가들을 보면 초창기에 설정한 주제를 벗어나지 않는 이야기를 꾸준히 그리다가 알고리즘의 선택을 받은 경우가 많습니다. 예시를 대략적으로 알려 드리겠습니다. 직장에서 열받는 일상을 다룬 만화, 동갑내기 커플의 장기연애를 그린 만화, 연애-결혼-출산-육아까지의 과정을 풀어내며 전국 젊은 엄마들의 추억 회상과 현실 공감의 상징이 된 만화, 키우는 강아지나 고양이에 대한 귀여운 일화와 함께 실제 동영상이나 사진을 첨부하여 지구를 부수고 싶게 만드는 만화 등 주제가 확실한 만화로 다들 인기 인스타툰 작가가 될 수 있었습니다.

그 밖에 현직 트레이너나 필라테스 강사가 전달하는 운동 자세와 방법을 알려 주는 운동툰, 산부인과 의사가 전달하는 건강툰, 핫한 명품 가방 리뷰를 그리는 패션툰, 블로그로 돈 버는 법을 알려 주는 블로그툰, 30대 미혼 여성이 부동산에 투자했던 방법을 알려 주는 부동산툰, 원어민 영어 표현을 알려 주는 교육툰, 칵테일 제조 방법과 술에 잘 맞는 안주를 소개하는 푸드툰 등 모든 인스타툰 주제는 본인의 관심사나 경험에 맞게 더욱 구체적으로 세분화할 수 있습니다.

똑같은 '학교생활'을 주제로 한다고 하더라도 특성화고·외국어고·과학고에 다니며 생긴 일화는 다를 수 있고, 미대 입시를 준비하면서 생긴 이야기 등 소재에 따라 만화의 느낌이 아예 달라질 수 있습니다.

대주제를 선정하는 것의 중요성을 충분히 이야기했으니, 이제는 소재를 찾는 법에 대해서 이야기하겠습니다. 도파민 전쟁이 일어나는 인스타그램에서 예비 독자들을 팔로워로 이끌어 내기 위해서는 주제에 걸맞은 재미있는 소재가 중요하기 때문입니다. 어떻게 만화의 소재를 찾을 수 있을까요?

Instagram

클릭률을 높이는 만화 소재 찾는 법

좋은 소재를 찾는 것은 성장하는 인스타툰 계정을 만드는 첫째 열쇠입니다. 저는 마인드맵을 통해 만화 소재 찾기를 추천합니다. 매우 간단하고 심플한 방법으로 과거의 경험을 떠올려 보는 느낌으로 가볍게 접근할 수 있습니다. 어린 시절에 누구나 한 번쯤 해 보았던 마인드맵으로 경험, 관심사, 생각 등을 시각적으로 한눈에 알아볼 수 있게 정리하면서 그중 만화로 풀어내고 싶은 흥미진진한 소재를 발굴해 보세요.

혹시나 마인드맵을 모르는 분들을 위해 잠깐 설명하겠습니다. 마인드맵이란 한 가지 주제를 적고 그 주제에 꼬리에 꼬리를 물어 가며 주제를 디테일하게 확장시켜 나가는 브레인스토밍입니다. 아이디어 간의 관계를 시각적으로 표현하는 데 효과적이며 다양한 소재를 빠르게 찾아내는 데 도움이 됩니다. 시간 순서, 인생의 일대기에 맞추어 마인드맵을 그려 보는 것을 추천합니다.

제 경우에는 유치원, 초등학교, 중학교, 고등학교, 대학교, 직장, 퇴사 후 인스타툰 작가로서의 삶까지로 인생의 흐름을 나누고 그 시기마다 있었던 재미있는 사건이나 특별한 경험을 적어 보았습니다. 학교생활을 주제로 한 시리즈물은 각 시기별 사건을 정리하면서 소재로 발굴해 낼 수 있습니다. 이미 언급했지만 중학교 때 있었던 일은 기존에 언급했던 「일진이 날 좋아한 썰」, 「일진에게 찍힌 썰」 등으로 풀어냈고, 고등학교 때 있었던 일은 「기숙사 10인 1실 썰」, 「앙큼fox와 연애한 썰」 등으로 풀어냈습니다.

초등학교 때 있었던 일 중 충격적이었던 사건인 「친구한테 남친 뺏긴 썰」 역시 6학년 때 겪었던 일화를 세부적으로 정리하면서 풀어내게 된 시리즈물입니다. 5학년 때 같은 반이었던 친구 '김잘생'과 6학년이 되어 사귀게 되었는데, '김잘생'과 같은 반이었던 제 친구가 로맨스를 도와준다는 핑계로 그 애를 유혹하여 결국 환승이별을 당한 어이없는 사건이었습니다. 어릴 때 겪기 힘든 특별한 사건이라고 생각했고, 재미있게 풀어낼 수 있을 거라는 생각이 들어서 더 세분화해서 그 당시의 인물들과 사건들을 마인드맵으로 정리하여 만화를 그려 냈습니다.

그렇게 중·고등학교 그리고 초등학교 시절의 학교생활 이야기를 마

친구한테
남친 뺏긴 썰

1화

얼마 후,
버디버디 메시지가 왔다.

*지금으로치면, 페메 혹은 인스타 dm온 것

안녕?

어?
김잘생이다!

그 메시지를 시작으로 우린,
매일 연락하는 사이가 됐다.

뭐해?

학원갔다왔어. 너는?

난 게임하다가
너 버디버디 들어왔길래
게임 껐어 ㅎㅎ

김잘생은 과묵한 모습과
다르게 꽤나 적극적이었고,

시간있어?

옹?? 시간?
있는데? 왜?

나랑 이야기
하자 ㅎㅎ

인터넷 상에서 아주 활발히
썸을 타기 시작했다.

무리한 후에는 대학교 이야기를 할까, 유치원 때 이야기를 할까 고민하다가 유치원 때의 이야기를 먼저 풀기로 했습니다. 그렇게 탄생한 시리즈가 바로 「유치원 때 1년 꿇은 썰」입니다.

TMI를 말하자면, 저는 주민등록증상 생일이 양력이 아닌 음력 2월 생

으로 등록되어 5살 때 빠른년생으로 유치원에 조기 입학했습니다. 당

시 같은 유치원에 다니던 아이들이 제가 1년 늦게 태어난 사실을 알게 되자 어리다고 놀리고 친구 대접을 해 주지 않아서 크게 상심하고 휴학을 하게 되었습니다.

그 시절 겪었던 일화와 감정을 쉽게 떠올릴 수 있었던 것은 마인드맵으로 세부적인 감정과 사건들을 적었기 때문입니다. '친구 없음', '놀림', '능력 부족' 등이 떠올랐고, 곧바로 떠오른 기억에서 디테일한 내용이 생각났습니다.

'능력 부족'과 관련해서는 당시 제가 한글을 몰라서 신발장에 있는 제 이름을 읽지 못하자 유치원 선생님이 스티커를 따로 붙여 주셨던 일이 생각났습니다. '친구 없음'과 관련해서는 남자아이들이 저에게 '야 김밥새, 이제부터 오빠라고 불러~'라고 골려 댄 것과, 여자아이들이 아예 저를 친구로 취급하지 않았던 것이 떠올랐습니다.(눈물 없이 들을 수 없는 스토리~) 이렇게 세세한 사건들이 떠오르니 실제로 만화를 그릴 때 6살 친구들이 5살인 저를 놀렸던 대사, 상황, 표정 등을 생생하게 표현할 수 있었습니다.

재미있는 소재를 계속해서 발굴해 나가며 뱁새툰은 인기 있는 계정이 되었습니다. 그 후로는 '학교생활'이라는 주제에만 국한하지 않고 '뱁새의 인생' 중 재미있는 사건을 소재로 하여 만화를 풀어 가는 활동을 진행했습니다.

유치원 때보다 더 옛날인 신생아 시절에 대해서도 브레인스토밍을 해 보며 「아파트에서 태어난 썰」이라는 저의 탄생 일화를 풀어낼 수 있

었습니다. 물론 이 시리즈는 제가 아닌 가족의 기억을 이끌어 내어 만

화를 그려 나갔습니다. 엄마와 아빠, 오빠를 인터뷰하고 그들의 내면에

있는 소재를 마인드맵으로 만드는 형식이었습니다.

그 시절을 전달해 보면, 제가 태어났던 1990년대에는 국가 산아 제한 정책으로 '딸, 아들 구별 말고 둘만 낳아 잘 기르자.'라는 기조가 팽배했습니다. 저는 아들, 딸 둘인 집의 셋째로 임신되었기 때문에 사실상 중절 수술의 대상이 되기 딱 좋았습니다. 그런데 그때 제가 아버지의 꿈에 황금빛 불상의 모습으로 나와서 '나는 당신의 자식이오.'라며 저를 낳게끔 유혹했다고 합니다. 그 밖에도 이런저런 이유로 부모님은 출산을 결심하게 되었습니다.

몇 달이 흘러 출산 예정일이 다가오고 있었습니다. 하지만 저는 출산 예정일보다 빠르게 세상 밖으로 나오게 되었습니다. 안타깝게도 태어나기 전날 아버지가 여차저차 사건을 겪으며 어머니는 진통이 오는 와중에도 산부인과에 가지 못했습니다. 그래서 집에서 저를 낳았습니다. 이런 맛깔 나는 소재를 얻을 수 있었던 것은 일대기별로 사건을 정리하면서 신생아 시절을 풀어 가는 아이디어가 떠올랐기 때문입니다.

이후 대학교 때 조모임에 여자친구를 데려온 이상한 선배 이야기를 그려 낸 「조모임 빌런 황당 & 섹쉬 여친 썰」, 「천주교인데 불교 동아리 다닌 썰」 등을 연재했습니다. 대학생 때 경험했던 소재들을 나열해 보고 그중에서 만화로 풀어내면 재미있을 만한 것들을 골라낸 결과였습니다.

조모임 빌런 황당 & 섹쉬 여친 썰

천주교인데 불교 동아리 다닌 썰

마인드맵으로 제가 겪었던 사건들을 정리하면서 다양한 소재를 얻을 수 있었습니다. 꼬리에 꼬리를 무는 마인드맵을 통해 소재가 한층 풍부해지고 그 시절의 일화가 정리되는 것을 체험할 수 있었습니다.

재미있는 소재를 찾아내는 것은 인기 있는 만화를 그려 내는 데 가장 중요한 작업입니다. 요즘에는 마인드맵을 할 수 있는 무료 사이트가 많이 있습니다. 저는 miro라는 사이트를 활용하여 아이디에이션을 하곤 했습니다. 그리고 노트를 펼쳐서 소재를 찾아보기도 했습니다.

마인드맵 외에도 다른 브레인스토밍 기법이 많이 있습니다. 프리 라이팅이라고 불리는 기법은 아무런 제약 없이 떠오르는 소재들을 마구 적어 보는 것입니다. 마인드맵이 귀찮다면 프리 라이팅을 통해 소재를 발굴할 수도 있습니다.

소재를 발굴한 후에는 이 소재를 만화로 옮겼을 때 적절할지 판단하는 시간을 가져야 합니다. 소재를 평가할 때는 다음 사항을 고려해야 합니다.

① 대주제와의 관련도 : 대주제를 관통하는 소재인가?

② 독창성과 창의성 : 독창적이고 창의적인 소재인가?

③ 독자의 호감도 : 독자들이 얼마나 좋아할 것인가?

이 3가지 사항에서 모두 긍정적인 답변이 나온다면 해당 소재를 만화로 발전시키면 됩니다. '네 이야기 너나 재밌지.' 같은 만화를 그려서는 팔로워를 늘릴 수 없습니다. 일관되는 주제가 있고, 새로우며, 도파민을 주는 소재일 때 인스타툰 계정이 성장할 수 있습니다.

① 학교생활, ② 직장, ③ 연애, ④ 결혼, ⑤ 출산, ⑥ 육아, ⑦ 여행, ⑧ 패션(뷰티), ⑨ 동물, ⑩ 운동/건강, ⑪ 경제/비즈니스, ⑫ 어학/교육, ⑬ 푸드/술, ⑭ 힐링/위로 중에서 내가 잘 표현할 수 있는 인스타툰 주제를 2~3개 체크해 봅니다.

각 주제별로 어떤 소재가 있는지 마인드맵을 그려 봅니다.

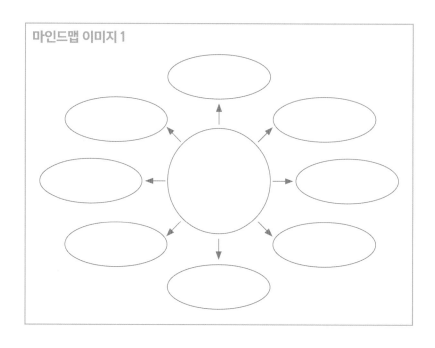

마인드맵 이미지 1

마인드맵 이미지 2

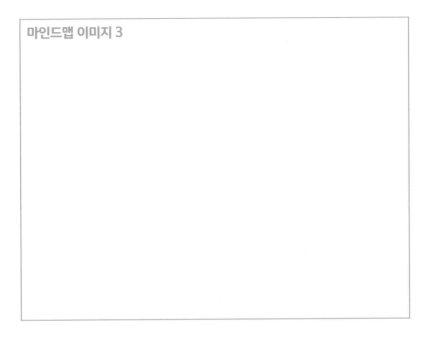

마인드맵을 통해 발굴한 소재 중 독창적이고 창의적이며 독자의 호감도를 살 수 있는 소재가 있는지 체크해 봅니다.

1.

주제 :

소재:

독창적이고 창의적인가? : 예 / 아니오

독자의 호감도를 살 수 있나? : 예 / 아니오

2.

주제 :

소재:

독창적이고 창의적인가? : 예 / 아니오

독자의 호감도를 살 수 있나? : 예 / 아니오

3.

주제 :

소재:

독창적이고 창의적인가? : 예 / 아니오

독자의 호감도를 살 수 있나? : 예 / 아니오

위에서 발굴한 주제, 소재 중 가장 자신 있는 주제와 소재를 정합니다. 4장에서 인스타툰 계정 성장 전략을 공부한 후에 얻은 인사이트를 바탕으로 해당 소재를 인스타툰으로 만들어 보겠습니다.

인스타툰
계정 성장 전략
세우기

Instagram

체류 시간 증가시키는 스토리텔링 기법

체류시간 증가하는 스토리텔링 기법

소재를 찾았으면 이제 소재를 매력적인 만화로 발전시켜야 합니다. 소재를 만화로 발전시킬 때 필요한 '스토리텔링 기법'에 대해 알아보 겠습니다.

인스타툰을 보다 보면, 정말 술술 잘 읽히는 만화가 있는 반면 내용 이 눈에 잘 안 들어와서 2~3컷 이상 넘기지 않게 되는 만화도 있습니 다. 캐릭터가 귀여워도 내용이 장황하고 맥락을 이해하기 어려우면 가독성이 떨어져 만화를 보기 어려워집니다. 이런 만화의 경우 팔로우하지 않게 되고, 팔로우한 상태라 하더라도 올라오는 작품을 읽지 않고 패스하거나 언팔로우하게 됩니다. 그러니 만화의 내용이 잘 읽히게 하는 것이 중요합니다.

우선 스토리와 스토리텔링에 대한 차이를 알아보겠습니다. 둘은 모두 이야기와 관련된 용어이지만 의미가 다릅니다.

스토리는 '이야기'라는 뜻으로 말 그대로 만화로 풀어 가고 싶은 날것의 내용을 말합니다. '누가, 무엇을, 어디서, 언제, 왜, 어떻게'라는 5W1H를 중심으로 전개되는 사건의 흐름을 의미합니다. 스토리텔링은 '이야기 전달 방식'을 말합니다. 스토리라는 재료를 어떻게 구성·연출·표현하여 독자에게 보여 줄 것인지 각색하는 방법을 의미합니다.

정리하자면, 스토리는 이야기의 내용 그 자체이고, 스토리텔링은 이야기를 전달하는 기법을 말합니다. 이해하기 쉽도록 스토리를 하나 풀어 보겠습니다.

존예친구
스토리

대학교 1학년 교양 수업 중 교수님이 출석을 부르셨다. 예쁜 친구도 그 강의를 들었는데 교수님이 그 친구의 이름을 부르자 남학우들이 모두 고개를 돌려 친구의 얼굴을 쳐다보았다. 당시 신촌 길거리에는 픽업 아티스트가 많았는데 친구가 신촌 길거리를 걸으면 그들이 친구에게 번호를 물어봤다. 지하철 입구까지 쫓아와서 약속시간에 늦는 경우도 있었다. 픽업아티스트뿐 아니라 일반 남성들도 친구에게 대시를 많이 했다. 심지어 같은 과 친구 중 그녀를 짝사랑하던 남학우가 있었는데, 오랫동안 짝사랑하다가 용기를 내어 고백했다. 그러나 존예에게는 이미 남자친구가 있었기 때문에 거절당했고, 이에 충격을 받았는지 갑자기 반수를 선택하고 학교를 떠난 일도 있었다.

스토리를 위처럼 줄글로 정리해도 되고, 아래처럼 5W1H에 맞추어 기입해도 됩니다.

1. 언제 일어난 사건인가? When : 대학교 1학년 때

2. 어디서 일어난 사건인가? Where : 교양 수업 교실, 신촌 길거리 등

3. 주요 인물이나 관련 인물은 누구인가? Who : 예쁜 친구, 교수님, 같은 수업을 들은 학생들, 나(김밥새), 픽업 아티스트, 길거리의 남자, 친구를 짝사랑한 남자

4. 주요 사건, 일이 무엇인가? What : 외모로 인해 친구가 많은 관심을 받았다.

5. 왜 그런 사건이 일어났는가? Why : 친구가 예뻤기 때문이다.

6. 사건이나 일이 어떻게 진행되었는가? How :

    – 교수님이 출석 체크를 할 때 친구의 이름을 부르자 앞자리에 있던 남학생 무리가 고개를 돌려 친구를 쳐다봤다.

    – 픽업 아티스트가 친구의 번호를 물어보고, 지하철역까지 쫓아왔다.

- 길거리의 일반 남성들에게서도 대시를 많이 받았다.

- 짝사랑하던 남학우가 고백 후 거절당하자 반수를 선택하고 학교를 떠났다.

이제 정리한 스토리를 바탕으로 스토리텔링의 목적과 대상, 캐릭터에 대해 설정해 보겠습니다.

목적과 대상

위 스토리를 재료로 만화를 만들 때 어떤 목적을 이루고자 하는지, 누구에게 전달하고자 하는지를 분명히 하면 만화의 각색 방향성을 잡을 수 있습니다.

스토리텔링이 가진 목적의 예시로는 정보 전달, 홍보, 감정 이끌어 내기 등이 있습니다. 예를 들어, 재테크 방법이나 운동 방법 등을 알려 주는 만화에서는 정보 전달을 목적으로 스토리텔링할 수 있습니다. 이 경우 가독성과 전달력을 중심으로 스토리를 각색해야 합니다.

광고툰을 그릴 때는 홍보의 목적을 지닐 수 있습니다. 홍보를 할 때는 제품의 소구 포인트를 자연스럽게 드러내고, 사람들을 설득하는 방향으로 스토리를 각색해야 합니다.

일상적인 주제로 연재하는 만화는 대부분 감정 이끌어 내기를 목적으로 합니다. 저는 위 스토리를 각색하여 사람들에게 재미와 공감을 전달한다는 목적을 설정했습니다. 만약 치매에 걸린 할머니를 다룬 스토리였다면 슬픔과 위로를 전달하는 목적이 형성되었을 수 있습니다.

스토리텔링의 대상은 초기에는 계정의 타깃 독자(팔로우해 주기를 바라는 연령층이나 성별을 고려한 대상)일 수 있고, 팔로워가 어느 정도 쌓인 이후에는 주요 독자층이 될 수 있습니다. 대상의 연령, 성별, 관심사 등의 특성을 고려하여 스토리를 각색해야 합니다. 독자의 관심사와 니즈를 고려하여 소재를 고르고 이를 스토리텔링할 때 좋은 반응을 끌어낼 수 있습니다.

저는 위 스토리를 전달할 대상을 웹새툰 주요 독자층인 2030 여성으로 설정했습니다. 주요 독자층이 연애, 학창시절에 관심이 많을 것이기에 '대학 시절 존예친구' 이야기를 풀어내면 흥미를 가질 수 있을 거라 생각했습니다. 또 여성이라면 살면서 한 번쯤은 예쁜 친구의 삶을 지켜 본 경험이 있을 거라 판단하여 공감을 이끌어 내기에도 좋을 거라고 생각했습니다.

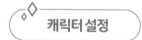

캐릭터 설정

목적과 대상을 정한 후에는 캐릭터를 설정합니다. 캐릭터의 성격이 선명하고 확실한 것은 매력적인 이야기의 필수 요소입니다. 본인이 설정한 캐릭터, 즉 인스타툰의 메인 화자가 어떤 성격인지 생각하면서 이야기를 각색하는 것이 중요합니다. 실제 성격에 따라서 겪은 이야기도 달

조모임 빌런에게 화내는 장면

지하철에서 혼내는 장면

라지겠지만, 각색과 연출을 할 때 캐릭터의 성격을 더욱 드러내는 장면과 일화를 보여 줄수록 독자들은 여러분의 캐릭터에 열광할 것입니다.

김뱁새의 경우 필자 본캐가 가진 다양한 모습 중 똑 부러지고 의롭고

당당한 면을 많이 보여 주고 있습니다. 사이다 발언을 자주 하며, 불의에 맞서는 성향에다 약간 도른자 같은 면모를 지니고 있습니다. 이런 면에 어울리게 만화에서 캐릭터의 행동을 보여 주었습니다. 조모임 빌런에게 한 마디 하는 장면, 지하철에서 싸우는 사람들에게 조용히 하라고 하는 모습 등이 자연스러울 수 있었던 것은 평소 김뱁새 캐릭터 성격에 부합하는 스토리를 풀어냈기 때문입니다. 물론 실제 경험담이기도 합니다.

하지만 제 내면에는 힐링·고요함·깨달음 등을 갈구하는 특징도 강한데, 이런 캐릭터성은 잘 보여 주지 않기 때문에 잔잔한 스토리를 각색할 때는 너무 진지하지 않게 이야기를 풀기 위해 노력하고 있습니다. 기존의 캐릭터성에 크게 위배되지 않는 선에서 무게 있으면서도 위트 있게 각색을 하려고 합니다.

주요 캐릭터 외에 스토리마다 새롭게 등장하는 캐릭터의 성격에 대해서도 비슷하게 접근하는 것이 중요합니다. 이랬다가 저랬다가 예측하기 어려운 것보다는 확실하게 드러나는 특징이 있게끔 설정해야 캐릭터에 대한 인지가 더 잘되기 때문입니다.

위에 쓴 존예친구 스토리 속 '존예 캐릭터'는 ① 예쁜데 잘난 척하지 않는 호감형 캐릭터, ② 본인이 인기 많은 걸 잘 모르는 겸손한 캐릭터로 지켜보는 사람들에게 불편함을 주지 않고자 했습니다. 그래서 만화에서 존예가 인기 많은 장면이 연출될 때마다 존예 캐릭터는 이에 대해 크게 반응하지 않도록 장면을 구성하고, 뱁새 혼자 존예 캐릭터의 인기를 알아채고 감탄과 부러움을 가지게끔 하여 존예 캐릭터를 바라보는 뱁새에게도 공감이 가게끔 하고자 했습니다.

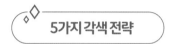

5가지 각색 전략

흥미롭고 몰입감 있는 스토리를 만들기 위해서는 스토리를 각색해야 합니다. 똑같은 이야기도 말주변이 없는 사람이 하면 재미가 없고 평범해지는데 달변가가 하면 흥미롭고 또 듣고 싶은 것처럼 만화를 만들 때는 생략, 강조 등을 통한 각색으로 만화를 재미있게 만들어야 합니다. 각색의 방법은 여러 가지가 있는데 여기에서는 그중 5가지를 설명하겠습니다.

① 뚜렷한 갈등을 보여 준다.

갈등은 스토리를 흥미진진하게 보여 주는 엔진 역할을 합니다. 갈등이 없는 스토리는 단순한 일화로 전락할 수 있어 캐릭터의 매력, 작화 실력이 부족하다면 독자의 관심을 끌기 어렵습니다. 따라서 갈등을 뚜렷하게 보여 주는 방향으로 몰입감 있게 만화를 각색해야 합니다.

 예를 들어, 「일진이 내 여친을 좋아한 썰」에서는 일진짱과 마주하는 장면, 욕하는 장면, 비웃는 장면, 주먹다짐하는 장면을 화마다 긴장되게 배치했고, 뚜렷한 갈등을 드러내어 독자들에게 긴장감을 줄 수 있었습니다.

「팀장이 된 일진짱」 시리즈에서는 악역인 팀장과 햄인턴의 갈등을 보여 주는 장면으로 이야기를 이끌어 나갔습니다.

② 독자의 감정을 자극한다.

스토리는 독자의 감정을 움직여야 합니다. 독자가 감정에 푹 빠져 스토리에 몰입할 수 있게 감정에 호소하는 요소를 적절히 배치해야 합니다.

　예를 들어, 「첫사랑이 치매에 걸렸다」에서는 할머니가 건강했던 모
습과 대조적으로 치매에 걸린 모습을 보여 줌으로써 독자의 감성을 자
극할 수 있었습니다.

③ 스토리의 전개를 조정한다.

스토리의 몰입감에 가장 중요한 것은 스토리의 전개를 어떻게 조정하느냐입니다. 어떤 순서로 이야기할지, 어떤 부분을 강조할지, 어떤 부분을 과감히 생략할지를 결정하여 이야기의 속도와 방향성을 바꿀 수 있습니다.

예를 들어, 「일진이 날 좋아한 썰」에서는 사건의 시간 흐름을 바꾸어 흥미진진한 도입부로 스토리를 각색했습니다. 일진이 뱁새를 쓰다듬는 장면을 먼저 보여 주며 왜 그 사건이 일어났는지 궁금증을 유발한 후, 앞서 일어난 사건을 시간 역순으로 보여 줌으로써 독자들의 호기심을 자극할 수 있었습니다.

④ 구체적이고 생생하게 이미지를 전달한다.

인스타툰은 만화인 만큼 이미지의 역할이 굉장히 중요합니다. 만화에서 인물과 배경의 배치를 통해 독자의 이해를 도울 수 있는 구체적이고 생생한 이미지를 전달할 수 있습니다. 인물의 표정을 통해 생생한 감정을 전달할 수 있고, 앵글(로앵글, 하이앵글), 프레이밍(클로즈업, 바스트샷, 전신, 풀샷, 일부분 등)으로 느껴지는 이미지를 확연히 다르게 할 수 있습니다.

예를 들어, 「앙큼 fox와 연애한 썰」에서는 교실이 북적거리는 분위기를 잘 보여 주기 위해서 전체 풍경이 보이게끔 이미지를 제작했습니다. 이후 뱁새의 감정이 드러나는 컷에서는 바스트샷으로 캐릭터에 집중하는 구도를 설정했습니다.

　「동명이인과 연애한 썰」에서는 등교하는 캐릭터의 모습을 풀샷으로
보여 주고, 카톡 장면을 넣어 두 캐릭터가 대화하는 이미지가 잘 이해
되도록 표현했습니다. 손잡고 뛰는 장면에서는 위에 일부러 손만 따로
보여 주고, 아래에 손잡고 달리는 이미지를 추가하여 두 캐릭터가 손을
잡았다는 사실을 한 번 더 강조하여 생생하게 이미지를 전달했습니다.

⑤ 반전을 활용한다.

예상치 못한 반전은 독자의 흥미를 유발하고 스토리에 대한 몰입감을 확 올려 줄 수 있습니다. 사건의 마지막 부분에 들어갈 수도 있고, 혹은 예상치 못한 흐름으로 반전을 줄 수도 있습니다.

예를 들어, 「일진이 내 여친을 좋아한 썰」에서 주인공에게 시비를 거

는 인물의 실루엣을 일진과 유사하게 설정하여 독자들이 일진이 등장할 것을 예측하게끔 해 두고 반전으로 다른 캐릭터가 등장하게 했습니다.

그럼 이제 스토리를 어떻게 만화의 한 컷 한 컷으로 각색했는지 스토리텔링을 진행한 과정을 자세히 보여 드리겠습니다.

존예친구
스토리

대학교 1학년 교양 수업 중 교수님이 출석을 부르셨다. 예쁜 친구도 그 강의를 들었는데 교수님이 그 친구의 이름을 부르자 남학우들이 모두 고개를 돌려 친구의 얼굴을 쳐다보았다. 당시 신촌 길거리에는 픽업 아티스트가 많았는데 친구가 신촌 길거리를 걸으면 그들이 친구에게 번호를 물어봤다. 지하철 입구까지 쫓아와서 약속시간에 늦는 경우도 있었다. 픽업 아티스트뿐 아니라 일반 남성들도 친구에게 대시를 많이 했다. 심지어 같은 과 친구 중 그녀를 짝사랑하던 남학우가 있었는데, 오랫동안 짝사랑하다가 용기를 내어 고백했다. 그러나 존예에게는 이미 남자친구가 있었기 때문에 거절당했고, 이에 충격을 받았는지 갑자기 반수를 선택하고 학교를 떠난 일도 있었다.

존예친구 스토리텔링	
텍스트	**각색 설명**
친구 중에 존예 여신바리가 있었다. 존예 : 샤랄라~ 뱁새 : 와 얼굴 폼미쳣다. 　　　 티아라 지연 닮았네. 걔를 보면서 진또배기 미인의 삶을 알게 됐다.	스토리의 전개를 조정했습니다. 기존 스토리와 달리 교양 수업에서 있었던 일을 이야기하기 전에 존예 친구 소개 컷을 넣어 캐릭터와 다음 이야기에 대한 궁금증을 유발하고자 했습니다.
한 번 같이 수업을 들은 적이 있는데 (강의실 교단에 교수님 뒷모습 학생들이 많이 앉아 있음) **교수님** : 김뱁새~ 뱁새 : 네! **교수님** : 김존예~ 존예 : 네~	강의실 교단에서 교수님, 여러 학생, 존예, 뱁새가 앉아 있는 이미지를 통해 상황을 구체적이고 생생하게 전달하고자 했습니다. 교양 수업, 대학교 1학년 때와 같은 디테일한 정보를 생략했습니다.
한순간에 남학우들이 고개를 다 돌리는 것이다! (앞에 있던 사람들이 다 고개를 휙 돌림, 존예의 뒷모습, 뱁새가 놀라서 그 광경을 쳐다봄)	모두가 존예를 바라보는 이미지로 사건을 생생하게 전달하고자 했습니다.
뱁새 : (당황한 표정) 와, 다 쳐다보네. 예뻐서 　　　 소문났나;; 존예 : (별 생각 없는 표정, 근데 예쁨)	뱁새와 존예의 표정 대비를 통해 놀란 감정을 극대화해서 전달하고 싶었습니다.
또 어떤 일이 있었냐면 남학우 : 널 좋아해! 사귀자! 존예 : 어? 나는 남친이 있잖아… 남학우 : 으흐흑 ㅠ 상심 링딩동!	굳이 남학우 캐릭터에 대한 설명이나 서사를 넣지 않고 생략했습니다. 이를 통해 사건의 흐름을 빠르게 진행하여 지루하지 않게 이야기를 끌어가고자 했습니다. 존예가 인기 있었던 사례는 하나로 축소시켰습니다.

남학우 : 자퇴(자퇴 도장 찍힌 느낌) 뱁새 : ??? 미친 거 아냐??? 　　　　이걸 자퇴해? 차이고 반수하러 떠나 버림.	마찬가지로 남학우가 반수한 이유가 따로 있을 수도 있지만 이를 생략하여 사건의 흐름에 지루함을 없애고자 했습니다.
어느 날은 존예가 약속에 늦었는데, 존예 : (카페에서 미안하며, 근데 예쁨) 　　　미안, 어떤 남자가 계속 번호 달라고 　　　쫓아와서 늦었어. 존예 : 신촌에 왤케 이런 남자가 많지;;	길거리에 따라오는 남자들 장면, 곤란한 장면 등을 모두 삭제하고 대화로 내용을 전달했습니다.
뱁새 : 그… 너한테만 많은 거야. 　　　넌 녹번역에서도 그럴걸(?) 그녀를 보면서 알게 됐다. 뱁새 : This is 존예의 삶…★	뱁새의 대사를 통해 독자들에게 존예의 삶에 대한 거리감이 느껴지도록 설정했습니다. 존예가 아닌 사람끼리의 공감대를 형성하고자 했습니다.(ㅎㅎ)
더현대 만화로 웹여신 등극한 김뱁새는 오늘도 방구석에서 링딩동하기로 결정했다. (댓글 캡처본) 뱁새 : 역시 인터넷 세상이 참 좋다. -끝-	마지막 반전으로는 웹세상에서 몇 번 실루엣을 공개함으로써 미인으로 등극한 스스로를 자조하며 만화를 끝내는 것으로 했습니다.

이렇게 스토리텔링을 할 때 각색 전략을 적절하게 활용하여 간결하고 잘 읽히는 만화로 만들 수 있습니다. 그럼 이제 독자의 관심을 끄는 표지에 대해서 이야기해 보겠습니다.

혹시 여러분이 팔로우하고 있는 인스타툰 작가들을 처음에 어떤 경로로 알게 되었는지 기억하나요? 저는 대부분 인스타그램 탐색탭을 구경하다가 작품을 발견하곤 했습니다.

피드에 꽤 다양한 인스타툰이 뜨는데, 그중에서 직접 클릭해서 콘텐츠를 보게 만드는 작품들에는 공통적인 특징이 있었습니다. 바로 흥미로운 '표지'를 가진 콘텐츠였습니다.

서점에서 책을 고를 때 제목이 흥미롭거나 표지가 예쁘면 한 번 훑어보게 되는 것처럼 인스타툰 역시 표지로 잠재 독자의 이목을 끌 수 있습니다. 표지를 어떻게 구성해야 하는지, 시선을 사로잡는 표지에는 어떤 특징이 있는지 알아보겠습니다.

표지의 구성

표지는 크게 '제목'과 '그림'으로 이루어져 있습니다. 제목은 만화의 내용을 함축하여 궁금증을 자극하는 문구로 만들어야 합니다. 매력적인 카피라이팅을 할 수 있다면 탐색탭에 내 작품이 떴을 때 다른 사람들이 클릭할 확률이 높아집니다. 표지에 나오는 그림은 카피라이팅, 즉 제목의 분위기를 극대화시키고 제목과 더불어 궁금증을 유발하는 보조적인 역할을 합니다.

인스타그램 탐색탭에 돌아다니는 콘텐츠들은 대부분 클릭하고 싶은 제목을 가지고 있습니다. 그림 없이 제목만 있어도 눌러서 보고 싶은 콘텐츠가 많습니다. 이런 매력적인 제목을 만드는 방법과 카피라이팅에 대해 이야기하겠습니다.

시선을 사로잡는 표지의 특성

어떤 제목이 좋은 제목이고, 어떻게 카피라이팅을 해야 매혹적인 느낌을 줄 수 있을까요? 먼저 독자들의 유입이 좋지 않았던 표지의 사례를 보여 드리겠습니다. 첫 번째 사례인 「김뱁새의 서울살이」는 당시 팔로워가 1만 명이 되지 않았을 때 연재한 것이고, 두 번째 사례인 「춤추는 몸치」는 팔로워가 10만 명 이상일 때 연재한 것입니다.

김뱁새의 서울살이

춤추는 몸치

「김뱁새의 서울살이」는 대학 진학을 위해 상경한 후 겪은 일화를 다룬 인스타툰입니다. 당시에는 표지의 제목을 매력적으로 지어야 한다는 개념이 없었기에 서울에서 살았던 이야기니까「김뱁새의 서울살이」로 하면 되겠다고 가볍게 생각했습니다.

훗날 돌이켜보니 이 제목은 마치 '김○○의 제주살이', '김○○의 대전살이', '김○○의 대구살이' 등 어떤 이름을 붙여도 되는 흔한 이름이었습니다. 서울에 사는 사람이 900만 명이 넘는데, 단지 서울살이라는 제목만으로는 사람들의 궁금증을 야기할 수 없었습니다.

만화를 볼 만한 사람을 타깃팅하여 그들의 호기심을 자극하는 방법에 대해서 고민했다면 이보다 매력적인 제목을 지을 수 있었을 것입니다.

만약 상경해서 서울에 살고 있는 사람을 잠재 유입 독자로 생각했다면,「충격! 촌놈이 서울 와서 생긴 일」,「촌놈이 서울에서 겪은 대혼란」등으로 제목을 변경할 수 있었을 것입니다. 그러면 지방에서 상경한 사람들 혹은 그럴 계획이 있는 사람들에게 나 같은 '촌놈'이 '서울에 와서 무슨 일이 생겼지?'라는 호기심을 자극할 수 있었을 것입니다. 그런 사람이 아니더라도 평이한 제목보다는 클릭률이 높았을 것입니다.

타깃을 서울에서 자취하는 사람으로 했다면「서울 자취생 생존 꿀팁」,「서울에서 자취하지 마세요」,「서울 자취 현실;;」등의 제목으로 궁금증을 자극할 수 있었을 것입니다.

「춤추는 몸치」는 팔로워가 많아진 후에 연재한 시리즈물인데 반응이 적은 것을 보며 다시금 제목의 소중함을 깨달았습니다. 해당 만화는 중

학교 때 춤학원에 다녔던 이야기인데, 「춤추는 몸치」 같은 포괄적인 제목이 아닌 「중딩 때 스우파 찍은 썰」과 같은 궁금증을 자극하는 제목이었다면 춤에 관심 있는 사람들이 훨씬 더 많이 유입되었을 것입니다.

정리하자면, 제목을 보고 유입될 타깃을 고려하여 그들에게 자극이 될 수 있도록 카피라이팅을 한다면 더 매력적인 제목을 만들 수 있습니다. 평이하고 밋밋한 제목은 넘쳐나는 인스타툰의 홍수 속에서 시선을 끌기 어렵다는 것을 꼭 기억해야 합니다.

명확한 타깃을 지닌 제목이 중요하다는 것은 MBTI가 유행할 때 더 잘 알 수 있었습니다. 「INFP와 ENFJ의 연애」, 「ISFP끼리만 여행 갔을 때 생기는 일」, 「ENFP가 서운할 때」와 같은 제목이 해당 MBTI 유형의 사람들을 엄청나게 유입시키는 것을 확인할 수 있었습니다. 당시 저도 「MBTI J남자친구…」, 「MBTI I에 대한 오해」라는 제목으로 J유형 연인을 둔 사람들, 내향인들을 겨냥해서 만화를 그리기도 했습니다.

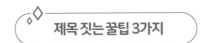

제목 짓는 꿀팁 3가지

이제 궁금증을 불러일으키는 제목을 짓는 꿀팁 3가지를 말씀드리겠습니다.

① 말끝 흐리기

「서울 9년 살다가 경기도 1년 살아보니…」는 제가 9년 동안 자취하다가 경기도에 터를 잡은 이야기입니다. 일부러 말끝을 흐리면서 '대체 무슨 일이 생긴 거지?' 하는 궁금증을 자극했습니다.

이렇게 말끝을 흐리는 제목은 인터넷 기사에서 자주 사용하는 방식으로 이어지는 이야기에 대한 궁금증을 자극할 수 있습니다. 저는 위 콘텐츠로 경기도민과 서울러들에게 호기심을 불러일으켜 게시글이 알고리즘의 선택을 받으면서 7,738개의 댓글을 받을 수 있었습니다. 당시 팔로워가 1만 명이 되지 않았기 때문에 팔로워 수 대비 엄청난 수의 댓글이 달려 계정이 성장할 수 있는 효자 콘텐츠가 되었습니다.

이 만화가 잘되고 나서 말줄임이 지닌 여운의 효과를 알게 되었고, 이후 '…'으로 끝나는 제목을 사용하여 콘텐츠의 반응을 테스트해 보았습니다. 그 결과 대부분 앞뒤의 다른 콘텐츠에 비해 유입률이나 반응이 높다는 것을 확인할 수 있었습니다.

저는 만화 시리즈 제목을 지을 때 최대한 평이하지 않게 하려고 노력했습니다. 이 만화는 고등학생 때 기숙사에서 생활한 내용을 다룬 시리즈입니다. 당시 제가 살았던 기숙사는 10명이 1개의 방을 사용해야 하는 열악한 환경이었습니다. 10명이 한방에 살아야 한다는 점이 사람들에게 놀라움과 궁금증을 줄 수 있을 것 같아서 제목에 굳이 '10인 1실'

이라는 키워드를 사용했습니다.

평이하게 「고딩 때 기숙사 생활한 썰」이라고 만화 제목을 짓는 것보다 「기숙사 10인 1실 썰」이라고 제목을 지었더니 반응이 좋았습니다. '헤엑? 10인 1실?? 어떻게 10명이 한방을 써?' 이런 반응도 있었고, 이보다 열악한 30인 1실을 썼다는 댓글도 달렸습니다. 그리고 이 댓글에 대해 사람들이 놀라는 반응까지 연결되었습니다.

이 시리즈는 대학 시절에 조모임을 했을 때 불성실했던 조원이 여자친구를 조모임에 데려오는 등 민폐를 끼친 일화를 각색하여 연재한 만화입니다. 원래는 「조모임 빌런 썰」 혹은 「조모임 빌런 참교육 썰」과 같은 제목으로 연재할까 고민했습니다.

하지만 요즘 콘텐츠 중에 '참교육'이라는 단어가 너무 남발되어 피로감을 느낀다는 의견을 들었고, 「조모임 빌런 썰」이라는 제목에서는 '조모임에서 빌런을 만났겠구나.'라는 특이하지 않은 내용이 예측된다는 것을 알게 되었습니다.

그래서 오히려 조모임 빌런의 여자친구를 강조하는 제목을 짓기로 결정했고, 「조모임 빌런 황당 & 섹쉬 여친 썰」로 제목을 지었습니다. 그리고 '섹쉬'라는 키워드가 인스타그램에서 부적절한 키워드로 인식될 수 있을 것 같아 ㅅ대신 S를 이용하여 글자를 인식하지 못하게끔 했습니다.

그렇게 '황당 & 섹쉬 여친'이라는 키워드를 넣음으로써 자칫 평범해질 뻔한 제목에 궁금증을 심어 주었습니다. 연재할 만화 내용 안에 있는 특이한 지점을 찾아 제목에 넣어 호기심을 자극할 수 있었습니다.

③ 구체적인 숫자 넣기

마케팅에서 숫자를 넣지 않았을 때보다 구체적인 숫자를 넣었을 때 사람들이 관심을 가지는 확률이 높다고 합니다. 예를 들어, 「연봉 포기하고 작가된 썰」보다 「5,000만 원 포기하고 작가된 썰」이 사람들의 시선을 사로잡는다는 것입니다. 그래서 해당 팁을 만화 제목에 적용해 보았습니다.

위 만화는 코로나 시국에 위드 코로나에 대한 사람들의 의견을 정리해서 전달한 만화입니다. 「위드 코로나 찬/반 의견」이라고 해도 되지만 '2가지'라고 숫자를 넣음으로써 사람들의 궁금증을 자극하고자 했습니다.

당시 계정이 작았기 때문에 그 즈음에 올린 게시글에는 댓글이 보통 60~70개 정도 달렸습니다. 하지만 위 만화는 '위드 코로나'라는 시의성 있는 주제에 2가지라는 숫자까지 넣음으로써 유입률이 높아져서 평소보다 5배 넘는 댓글이 달렸습니다.

「29살 스펙 평가 좀…」은 위 3가지 방법을 모두 사용해서 만든 제목입니다. 29살이라는 구체적인 숫자에 '스펙 평가'라는 특이한 키워드, 그리고 '좀…'이라고 말끝을 흐림으로써 '대체 어떤 스펙이지? 너무 평가하고 싶다!'라는 마음을 자극하고자 했습니다. 이 콘텐츠는 초기 반응이 좋아 알고리즘의 선택을 받아 100만 명이 넘는 사람에게 도달되었습니다.

또 앞서 각색했던 존예 스토리 역시 제목을 고민하다가 바꾸었는데, 처음에는 평이했던 제목이 위의 3가지 방법을 적용하니 되게 클릭하고 싶은 제목이 되었습니다.

원래는 표지 제목을 「존예인지 구분하는 법」으로 지었다가 「상위 0.1 존예의 삶;;」으로 변경했습니다. 두 제목으로 동시에 업로드해서 비교 분석해 보지는 않았지만 후자의 경우 업로드하기 전에 주변인들의 반응이 더 좋았고, 업로드한 후에도 표지로 관심을 많이 끌어서 좋은 성과를 낼 수 있었습니다.

'타고난 센스가 있어야만 제목을 잘 지을 수 있지 않을까?'라는 의구심이 들 수 있을 것입니다. 하지만 아닙니다. 저는 이런 제목 짓는 센스를 기를 수 있는 수많은 교보재가 인스타그램과 각종 인터넷 세상에 널려 있다고 생각합니다.

인스타그램 탐색탭에 들어가면 수많은 게시글이 제목으로 클릭을 유도합니다. 유머 계정을 보면 표지에 그림 하나 없이 제목만으로 궁금증을 자극합니다. 대부분 특이한 키워드, 말줄임 등이 있고 더불어 'ㄷㄷ', 'ㅋㅋㅋ', ';;', 'ㄹㅇ'과 같은 추임새(?)를 사용하고 있습니다.

다음카페 앱을 켜면 '오늘의 TOP 100' 베스트 글이 올라와 있는데, 베스트 글의 제목을 보면 마찬가지로 'ㄷㄷ', '...', 'ㅋㅋㅋ', ';;' 등이 들어간 제목이 상위권에 많이 노출되어 있습니다. 그래서 저도 만화에 ㄷㄷ', ';;', 'ㅋㅋㅋ' 등을 사용해 보았는데, 확실히 좀 더 눈길이 갔습니다.

물론 이런 키워드를 사용한다고 무조건 인스타그램 알고리즘의 사랑을 받는다는 보장은 없습니다. 그러나 평이한 제목보다는 호기심을 자극할 수 있을 것이라고 생각합니다. 인터넷 세상에 돌아다니는 수많은 원석 같은 제목, 짤, 밈들을 공부하면서 영감을 얻는 것을 추천합니다.

인스타툰 계정을 운영하면서 팔로워 수가 급격하게 늘었던 소위 '떡상' 시기를 분석해 보면 언제나 '시리즈물'을 연재할 때였습니다. 여기서 말하는 인스타툰 시리즈물은 1편으로 끝나는 단편 만화가 아닌 여러 편으로 이루어진 만화를 의미합니다.(*넷플릭스 시리즈물 아님)

시리즈물을 연재했을 때 왜 팔로워가 늘었는지는 독자의 행동 패턴을 예측해 보면 알 수 있습니다.

탐색탭에 하나의 만화가 뜹니다. 눌러 봤더니 제법 재미있고 다음 이야기가 기대됩니다. 다음 화가 나왔는지 계정을 눌러 들어가 봅니다. 다행히 3화까지 나와 있습니다. 3화까지 읽어 보니 4화가 궁금합니다. 그 래서 계정을 팔로우해 두고 4화가 나오기를 기다립니다.

이런 식의 행동으로 이어지기에 시리즈물은 팔로워가 늘어날 수 있 는 방향의 콘텐츠입니다. 연속적인 내용으로 잠재 독자들의 궁금증을 자극하고, 다음 번 만화를 기대하게 만들 수 있습니다. 시리즈가 마음 에 들면 다음 시리즈도 기다리게 되고, 기대를 충족하는 내용이면 언젠 가는 단순한 팔로워를 넘어 작가의 팬이 될 수도 있습니다.

하지만 시리즈물을 그린다고 무조건 떡상하고 팔로워가 많아진다고 할 수는 없습니다. 결국 시리즈물 자체가 매력적이고 재미있어야 좋은 결과를 얻을 수 있습니다. 그럼에도 시리즈물을 일단 시작해 보는 것 을 추천하는 이유는 제가 처음 시리즈물을 연재했을 때 반응이 비교적 좋았기 때문입니다.

저는 「메이크업 클래스 들은 썰」이라는 제목으로 4탄까지 이어지는 시 리즈물을 처음 연재했는데, 1탄에 비해 4탄으로 이어질수록 좋아요 수가 1.5배로 늘어나고 댓글도 3배로 늘어나는 것을 확인할 수 있었습니다.

인스타툰 계정의 성장 폭이 컸던 시기는 「기숙사 10인 1실 썰」, 「일진 에게 찍힌 썰」, 「일진이 날 좋아한 썰」로 이어지는 3개의 시리즈물을 연 속으로 그렸을 때입니다. 당시 1만 명이었던 팔로워 수가 3만 명, 4만 명, 5만 명⋯ 9만 명, 그리고 최고로 많았을 때는 12만 명까지 늘어났습니다.

팔로워 수가 많아지니 따로 노력하지 않아도 수많은 기업에서 협업 제의를 해 왔습니다. 부업으로 용돈벌이를 하던 수준에서 본업보다 많은 수익을 이뤄 낼 수 있었습니다. 당시 대기업에 다니고 있었는데 한 달 월급보다 많은 수익이 나면서 결국 퇴사를 하고 전업 작가로 전향하게 되었습니다. 시리즈물 연재를 통해 팔로워가 급증하면서 생긴 가장 큰 변화였습니다.

하지만 급격한 성장 뒤에 뒤따라오는 팔로워 수 하향에 멘탈이 무너지기도 했습니다. 한 시리즈 마무리 후 다음 시리즈가 재미있지 않거나, 특정 시리즈물만 보고 싶었던 경우에는 마지막 화와 동시에 언팔로우를 하게 됩니다. 처음 그런 일을 겪었을 때는 계정이 영원히 하향세를 타게 될까 봐 걱정되고 힘들었습니다. 하지만 시간이 지나고 보니 자연스러운 과정이었습니다. 그러니 혹시 비슷한 상황을 겪더라도 실망하거나 좌절하지 말고, 콘텐츠를 재미있게 봐 주는 독자들에게 감사의 마음을 지니며 지치지 않는 창작을 하기 바랍니다.

감사의 마음 없이 가장 높았던 팔로워 수에만 집착하면 숫자 하나하나에 일희일비하게 되고 심리적으로 힘들어지게 됩니다. 그러면 양질의 콘텐츠를 지속적으로 생산할 내면의 힘이 떨어지게 되고, 어느 날 갑자기 인스타툰 창작 자체가 재미없어질 수도 있습니다. 팔로워 수가 늘었다가 줄어든 것에 대한 슬픔에 빠져 있기보다 다음 콘텐츠를 어떻게 더 재미있게 만들지에 대해 에너지를 쏟는 것을 추천합니다.

저 역시 팔로워 수가 잘 늘어나지 않는 정체 시점에는 씨앗을 뿌려 작물을 기른다는 마음으로 콘텐츠를 생산하곤 했습니다. '이 씨앗이 나를 어디로 데려다줄까?', '어떤 작물로 자랄까?' 하는 기대와 설렘으로 5년이 넘는 기간 동안 지속적으로 창작할 수 있었습니다.

제목도 열심히 지어 보고, 캐릭터도 발전시켜 보고, 시리즈물도 그려 보면서 창작에 도전하는 경험을 통해 발전하는 스스로를 발견할 수 있을 것입니다.

시의성 주제의 단편 만화

좋아요, 댓글 같은 독자의 반응을 일으키기 위한 전략으로 시의성 있는 주제의 단편 만화를 그리는 것을 추천합니다. 트렌디하고 근래에 인기 있는 주제의 만화를 그리면 예비 독자의 공감을 일으킬 수 있어 좋아요, 댓글 등의 반응이 늘어나게 되고 계정 성장에도 도움이 됩니다.

시의성 주제란 그 당시에 유행하는 주제, 혹은 사회에 발생한 핫한 사건에 대한 주제를 의미합니다. 세간의 관심을 많이 받는 주제로 만화를 그리면 탐색탭에 만화가 노출될 경우 표지 제목을 보고 콘텐츠를 클릭할 확률이 높아집니다. 만화의 내용을 본 후에는 친구를 태그해서 대화를 하는 댓글도 달릴 수 있습니다. 좋아요나 저장과 같은 독자의 반응을 불러일으켜 알고리즘이 해당 게시글을 좋은 게시글로 판단하여 더 많은 계정에 도달할 확률이 높아집니다.

　제가 시의성 주제의 단편 만화를 그렸을 때의 상황을 예로 들어 말씀드리겠습니다.

　첫 번째는 「스트리트 우먼 파이터」라는 댄스 프로그램이 유행했을 때입니다. 당시 「스우파 마지막화 보기 전 심경…」이라는 제목으로 단편 만화를 그렸습니다. 해당 만화는 바로 직전 만화(시의성 주제가 아닌 단편)에 비해 좋아요나 댓글 수가 현저히 많아 사람들의 반응이 좋았습니다. 게시글 자체의 도달률도 높아져서 직전 게시글이 9만 명에게 도달했던 것에 비해 21만 명에게 도달할 수 있었습니다. 당시 시청층이 많았던 프로그램과 관련된 인스타툰을 그리다 보니 그 주제에 관심 있는 사람이 기존에 많았기 때문에 자연스럽게 그와 관련된 콘텐츠들도 같이 주목을 받게 된 것이었습니다.

시의성 주제의 단편 만화는 인스타툰 계정이 성장한 이후에도 유효

한 효과를 불러 일으켰습니다. 탕후루가 한창 유행할 때 「탕후루 먹으러 제주도 가는 이야기」를 그렸습니다. 5컷밖에 되지 않은 단편 만화였는데 '탕후루'라는 주제로 이목을 끌어 많은 댓글이 달렸고, 독자들에게 좋은 반응을 이끌어 낼 수 있었습니다.

또한 제가 직접 연재한 것은 아니지만 다른 작가들이 월드컵, 올림픽 등 현재 전 국민의 관심이 쏠려 있는 스포츠 대회라든지, 「나는 솔로」 같은 화제성이 높은 프로그램에 대한 시청 후기를 단편 만화로 그려서 올렸을 때 다른 단편 만화에 비해서 많은 관심과 좋아요, 댓글을 받은 것을 확인할 수 있었습니다.

MBTI와 같은 성격 유형 테스트가 엄청난 관심을 받던 때에는 특정 MBTI 특징과 관련한 만화만 그려서 올리는 작가가 많았는데, 다른 작가들에 비해 주제가 시의성을 가지고 있다 보니 굉장히 빠르게 관심을 받고 팔로워도 급진적으로 늘어났습니다. 이를 보면서 시의성 있는 주제의 콘텐츠는 좋아요, 댓글, 저장과 같은 반응을 많이 얻어 낼 수 있음을 알 수 있었습니다.

이런 시의성 주제를 찾기 위해서는 요즘 유행하는 것들에 대해 안테나를 세우는 것이 중요합니다. 각종 커뮤니티의 인기글을 일부러 순회하면서 사람들의 관심사를 파악하는 것도 좋고, 당대의 핫한 예능이나 드라마를 과몰입해서 보는 것도 좋은 방법입니다. 원래 과몰입러는 다른 과몰입러들이 알아보는 법이기에 유사한 관심과 취향을 가진 사람들이 인스타툰에도 관심을 가지게 됩니다.

이미 유명한 콘텐츠나 드라마, 영화, 인물 등에 대한 인스타툰을 그려서 인기에 편승할 수 있습니다. 이렇게 인기 있는 주제에 대한 2차 콘텐츠를 제작하는 것을 '거인의 등에 올라타는 전략'이라고 부릅니다.

공감대 형성 단편 만화

당대에 화제가 되는 주제가 아니더라도 공감을 일으킬 수 있는 단편 만화라면 좋아요와 댓글 등에서 좋은 반응을 일으킬 수 있습니다. 주제 자체가 특정 타깃의 공감대를 불러일으키는 경우와 불특정다수를 감동시키거나 재미있게 해 줄 수 있는 경우 2가지로 나누어 설명하겠습니다.

① 특정 타깃의 공감대를 불러 일으키는 만화

캠핑 유튜버가 많아진 것처럼 캠핑을 즐겨하는 작가라면 캠핑 관련 단편 만화를 그릴 수 있습니다. 그러면 캠핑을 좋아하는 사람들이 잠재 독자가 될 수 있습니다. 유튜브에서 명품 하울, 뷰티 계정이 유행하는 것처럼 뷰티 시술이나 명품 구매 후기를 만화로 그려서 올리면 해당 주제에 대해 관심이 많은 사람이 잠재 독자가 되어 만화에 좋아요, 댓글, 저장 등의 반응을 보일 수 있습니다.

뾰족한 주제로 단편 만화를 지속적으로 그린다면 불특정 주제로 단편 만화를 그리는 것보다 빠르게 팔로워를 유입시킬 수 있습니다. 특정 부류의 사람들이 공감할 만한 주제의 단편 만화를 그리는 것은 계정 성장에 도움이 됩니다. 하지만 한 가지 주제로만 만화를 연재하는 것에 어려움이 있다면 불특정 다수에게 감동을 주거나 재미를 주는 방향으로 단편 만화를 연재하는 것도 방법입니다.

② 불특정다수를 감동시키는 만화

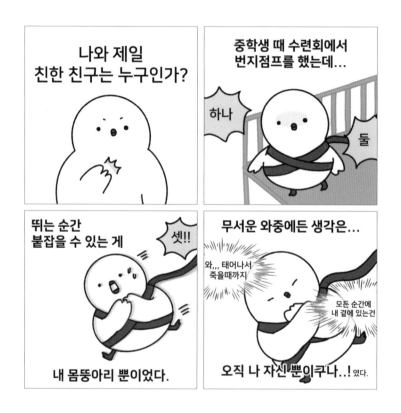

위의 만화는 모두가 공감할 법한 '스스로를 사랑하자'라는 포괄적인

주제의 단편 만화의 일부입니다. 해당 만화는 사람들에게 감동을 주어 좋은 반응을 일으켰습니다. 만화 연재 당시 팔로워 수가 4,000명 정도밖에 되지 않았는데, 게시글에 2만 3,000명이 좋아요를 눌렀고, 1만 1,600명이 게시글을 저장하고, 1,850명이 이 게시글을 다른 사람에게 공유하는 성과를 얻었습니다.

힐링, 위로, 자기사랑과 같은 불특정다수가 누구나 좋아할 만한 긍정적인 에너지를 지닌 단편 만화가 가진 위력을 실감한 사례였습니다. 그래서 이후에도 제가 가진 좋은 느낌과 생각을 전달하려고 노력하였고, 비슷한 결의 단편 만화가 2,500명에게 공유되고, 3만 2,000명에게 게시글이 저장되는 좋은 성과를 얻었습니다. 모두가 공감할 만한 감정을 전달하는 콘텐츠는 반응이 좋을 수밖에 없다는 것을 몸소 경험한 것입니다. 반응이 좋자 알고리즘도 해당 게시물을 좋게 판단하여 여러 사람에게 도달할 수 있도록 탐색탭에 많이 띄워 주었습니다.

정리하자면, 특정한 타깃의 반응을 일으키는 공감성 주제를 단편 만화로 연재하면서 팬을 만들어 나가는 방향과, 불특정 다수가 좋아할 만한 단편 만화를 연재하면서 반응을 이끌어 내어 계정 성장의 발판을 마련하는 것을 추천합니다. 처음부터 시리즈물을 연재하는 것은 부담스러울 수 있기 때문에 단편 만화 연재 경험을 통해 어떤 주제로 만화를 창작할 때 자신이 즐겁고 재미있는지 확인해 보는 것도 좋은 방법입니다. 창작을 지속할 수 있도록 가볍게 단편 만화부터 시작해 보세요!

인스타툰
제작 실전 꿀팁
배우기

이제 실제로 만화 한 편을 단계별로 작업해 보는 시간을 가져 보겠습니다. 우선 3장에서 정한 만화의 주제와 소재를 꺼내 봅니다. 그리고 해당 소재의 스토리를 적어 봅니다. 스토리를 적을 때에는 생각나는 사건과 내용을 모두 적습니다.

스토리

스토리를 적었다면 이제 이 스토리를 5W1H에 맞추어 분석해 보겠습니다. 모든 칸이 다 채워질 필요는 없으며, 부담 없이 본인이 의식의 흐름으로 적은 내용을 정리해 보는 시간이라고 생각하면 됩니다.

1. 언제 일어난 사건인가?(When)

2. 어디서 일어난 사건인가?(Where)

3. 주요 인물이나 관련 인물은 누구인가?(Who)

4. 주요 사건, 일이 무엇인가?(What)

5. 왜 그런 사건이 일어났는가?(Why)

6. 사건이나 일이 어떻게 진행되었는가?(How)

①
②
③
④
⑤
⑥
⑦
⑧
⑨
⑩

스토리를 분석한 후에는 만화의 목적, 전달 대상, 캐릭터를 설정합니다. 만화의 목적이 거창할 필요는 없습니다. 간단하게 정보 전달, 홍보, 재미, 감동, 공포, 사이다, 카타르시스 등 이 만화를 통해 전달 대상에게 주고자 하는 것이 무엇인지 생각해 보면 됩니다. 그리고 만화를 볼 주요 타깃의 특징을 생각하고, 이 만화를 이끌어 갈 캐릭터들이 누구인지 확인합니다.

---

1. 만화의 목적은 무엇인가?

2. 전달 대상(주요 독자)은 누구인가?

3. 어떤 캐릭터가 등장하는가?

4. 그 캐릭터의 성격은?

위 내용을 정리한 후에는 5가지 각색 전략(1. 뚜렷한 갈등을 보여 준다. / 2. 독자의 감정을 자극한다. / 3. 스토리의 전개를 조정한다. / 4. 구체적이고 생생하게 이미지를 전달한다. / 5. 반전을 활용한다.) 중 사용할 수 있는 전략이 있는지 생각

해 보면서 스토리를 각색한 텍스트 콘티를 제작해 봅시다. 다음 페이지에 표가 마련되어 있는데, 그림 설명은 우선 비워 두고 텍스트 콘티만 먼저 작성해 봅니다.

그림 설명의 예시를 들어 보겠습니다.

① 핸드폰 던지는 뱁새의 모습
② 후회하는 뱁새, 아래에 작게 편한 포즈의 과외학생 어머니

이런 식으로 텍스트를 어떻게 그림으로 구현할 것인지 아이디어를 적어 두면 추후 작업할 때 도움이 됩니다. 물론 생략해도 괜찮습니다.

표지의 제목은 클릭을 유도하는 후킹 문구일수록 좋습니다. 호기심을 자극하는 방법으로는 앞서 3가지 방법(1. 말끝 흐리기. / 2. 특이한 키워드 넣기 / 3. 구체적인 숫자 넣기)을 알려 드렸습니다. 예를 들어, 프로필 사진을 찍은 후기에 대한 만화라면 「프로필 사진 찍은 썰」보다는 「29살 기념 프로필 사진 찍고 왔는데…」와 같은 식으로 말끝을 흐려서 궁금증을 자극하고, 숫자를 넣어 보다 구체적인 제목으로 바꿀 수 있습니다.

이제 총 10컷 기준으로 스토리텔링 텍스트 콘티를 적어 봅니다. 단편 만화라면 10컷 안에 위에 정리한 스토리를 모두 각색해서 넣으면 됩니다. 시리즈물이라면 10컷으로 1화나 프롤로그를 만들어 보세요.

스토리텔링	
텍스트	그림 설명

스토리텔링	
텍스트	그림 설명

스토리텔링	
텍스트	그림 설명

텍스트 콘티를 작성하고 나면 전체적으로 한 컷씩 확인하면서 수정이 필요한 부분을 확인하는 퇴고를 진행합니다. 저는 텍스트 콘티 제작 후에 읽어 보면서 흐름이 원활하지 않거나 재미가 없는 등 마음에 들지 않으면 텍스트 콘티 전체를 삭제하기도 하고, 몇 컷을 전면 수정하기도 합니다. 대사도 더 매끄럽고 재미있게 전달될 수 있도록 재차 확인하고 있습니다.

단 한 번의 시도로 완벽한 텍스트 콘티를 만드는 것은 어렵습니다. 퇴고를 통해 수정을 진행하면 훨씬 잘 읽히고 가독성이 좋은 만화를 만들 수 있습니다. 이렇게 만들어 둔 텍스트 콘티는 100% 완성품이 아닙니다. 스케치 작업을 할 때 더 좋은 아이디어가 나와서 수정이 이뤄질 수도 있기 때문입니다.

TIP : 텍스트 콘티는 한 컷에 내용이 너무 많이 들어가지 않게끔 최대한 간결하게 짜는 것이 좋습니다. 실제 만화 컷으로 지문과 대사가 옮겨졌을 때 컷이 텍스트로 가득 차면 가독성이 떨어지기 때문입니다.

1. 스토리를 적어 봅니다.
2. 스토리를 5W1H에 맞추어 분석해 봅니다.
3. 만화의 목적과 주요 독자, 캐릭터를 정해 봅니다.
4. 5가지 각색 전략을 활용하여 스토리를 각색한 텍스트 콘티를 제작합니다.

그림 설명을 활용한
스케치 콘티 만들기

　스케치 콘티는 텍스트 콘티를 그림으로 옮겨서 그린 콘티를 말합니다. 만화의 재미는 '어떻게 보여 주나?'에서 결정된다고도 볼 수 있을 만큼 텍스트 콘티 못지않게 스케치 콘티가 중요합니다. 똑같은 내용도 그림 때문에 지루해질 수 있습니다.

위 만화처럼 비슷한 그림(캐릭터의 상반신 그림)이 연속되는 것 같다면 장면을 다른 방식으로 표현할 수 없을지 생각해 봅니다. 내가 영화감독

이라고 생각하고 해당 장면을 어디서, 어떻게 찍을지 고민하는 것처럼 만화를 연출할 수 있습니다.

카메라의 앵글을 다양하게 사용하는 것처럼 만화의 구도 역시 멀리서 그릴지, 배경을 보여 줄지, 엑스트라를 등장시킬지 등을 고민해서 스케치 콘티를 제작해 두면 결과물이 훨씬 생동감 넘치게 됩니다.

존예썰 그림을 예로 설명하겠습니다.

텍스트	그림 설명
상위 0.1% 존예의 삶 뱁새 : 딱 알려 준다.	1) 일타강사 느낌의 뱁새
친구 중에 존예 여신바리가 있었다. 존예 : 샤랄라~ 뱁새 : 와 얼굴 폼 미쳤다. 　　　 티아라 지연 닮았네. 걔를 보면서 진또배기 미인의 삶을 알게 됐다.	1) 존예 그림체는 뱁새 캐릭터의 하찮음과 　　비교되게 완전 예쁨으로 강조!
한 번 같이 수업을 들은 적이 있는데 교수님 : 김뱁새~ 뱁새 : 네! 교수님 : 김존예~ 존예 : 네~	1) 강의실 교단에 교수님 뒷모습, 학생들이 많이 　　앉아 있음 2) 교실에서 교수님이 학생들 출석을 부르는 　　모습
한순간에 남학우들이 고개를 다 돌리는 것이다! (앞에 있던 사람들이 다 고개를 휙 돌림. 존예 뒷모습)	1) 교실의 남자들이 다 뒤돌아보고 컷의 끝부분 　　중간에 존예 뒷모습, 그리고 그 옆에 뱁새가 　　놀란 모습
뱁새 : (당황해서 생각) 와 다 쳐다보네. 예뻐서 　　　 소문났나;; 존예 : (놀라지 않음) 룰루랄라~	1) 존예는 최대한 태연한 모습. 　　그 옆에 놀랐지만 안 놀란 척하는 뱁새
또 어떤 일이 있었냐면 남학우 : 널 좋아해! 사귀자! 존예 : 어? 나는 남친이 있잖아… 남학우 : 으흐흑 ㅠ 상심 링딩동!	1) 꽃다발 들고 고백하는 남학우. 　　당황하는 존예 2) 꽃다발 내팽개치고 마음 찢어지는 남학우, 　　선은 흔들리는 느낌

남학우 : 자퇴(자퇴 도장 찍힌 느낌) 뱁새 : ??? 미친 거 아냐??? 　　　　이걸 자퇴해? 차이고 반수하러 떠나 버림.	1) 은은하게 남학우 모습, 위에 자퇴 도장 찍힌 　느낌 2) 놀란 + 황당한 뱁새 모습
어느 날은 존예가 약속에 늦었는데, 존예 : 미안, 어떤 남자가 계속 번호 달라고 　　　쫓아와서 늦었어. 존예 : 신촌에 왤케 이런 남자가 많지;;	1) 카페 테이블에 앉아 있는 뱁새 + 진짜 예쁜데 　미안해하며 달려오는 존예
뱁새 : 그… 너한테만 많은 거야. 　　　넌 녹번역에서도 그럴걸(?) 그녀를 보면서 알게 됐다. 뱁새 : This is 존예의 삶…★	1) 현타 온 뱁새 바스트샷 2) 존예와 뱁새의 대비되는 모습. 멀리서
더현대 만화로 웹여신 등극한 김뱁새는 오늘도 방구석 링딩동하기로 결정했다. (댓글 캡처본) 뱁새 : 역시 인터넷 세상이 참 좋다. -끝-	1) 댓글 이미지 배치 　+ 폰 보며 누워 있는 뱁새(근데 베개가 젖어 　있는)

만화는 해당 QR 코드로 확인 가능합니다.

　이렇게 해당 컷에 어떤 그림이 필요한지 적어 두면 나중에 그림 작
업을 할 때 용이합니다. 텍스트 콘티 옆에 스케치 콘티에 대해 구상하

는 습관은 작업 시간을 줄여 줍니다. 위 예시를 참고하여 앞선 파트에서 스토리텔링 옆에 비워 둔 그림 설명란을 채워 보세요. 설명을 적으며 어떤 식으로 컷을 연출할지 고민해 볼 수 있습니다. 그리고 적은 그림 설명을 바탕으로 실제 스케치 콘티를 그려 보세요.

스케치 콘티의 형태는 2가지로 나뉩니다. 러프하게 밑그림을 그린 후 그 위에 다시 제대로 된 최종 그림을 그리는 방식과 밑그림 없이 바로 그림을 그리는 방식입니다. 두 방식의 장단점은 다음과 같습니다.

먼저 밑그림을 그리고 다시 제대로 그림을 그리면 미리 러프하게 그림의 구도를 고민해 보고 빠르게 수정하는 것이 용이해서 좋습니다. 하지만 아무래도 그림을 2번 그리다 보니 작업 시간이 더 걸릴 수도 있다는 단점이 있습니다.

반면 밑그림 없이 바로 그림 작업을 진행하면 시간을 단축할 수 있습니다. 하지만 만약 그림을 다 그린 후에 수정을 하게 되면 정성들여 그린 그림을 2번 그리게 되어 오히려 시간이 더 걸리고 효율성이 떨어질 수 있습니다.

초보자는 우선 손그림으로 러프하게 스케치 콘티를 그린 다음 디지털 작업을 하는 것을 추천합니다. 숙련된 이후에는 2가지 방식 중에서 본인에게 더 잘 맞는 방향으로 진행하면 됩니다.

1. 앞선 파트의 텍스트 콘티와 그림 설명을 모두 완료했다면 스케치 콘티를 그려 봅니다. 간단하게 손그림으로 장면을 묘사합니다.

2. 러프한 스케치 콘티를 이용하여 디지털 그림을 그려 봅니다.

계정을
떡상시키는
알고리즘
공략하기

알고리즘은 왜 나를
선택하지 않는가?

인스타그램 계정의 성장 속도는 알고리즘의 선택을 언제 받았느냐로 결정됩니다. 알고리즘에 의해 타인의 홈/탐색탭에 노출되는데 자주, 더 많은 사람에게 노출될수록 팔로워가 빠르게 많아질 확률이 높습니다.

대부분 빠르게 성장한 계정은 운영 초창기에 알고리즘의 선택을 받은 경우가 많습니다. 인스타그램 알고리즘은 특정 게시글이 올라가고 나서 얼마나 빠르게 좋아요, 댓글, 공유, 저장 등의 반응이 일어나는지를 보고 게시글의 인기도를 판단합니다. 그래서 사용자의 반응이 즉각적으로 일어나는 게시물들은 인기 게시물로 분류되어 탐색탭에 노출될 확률이 높습니다.

그렇다면 사용자들의 뜨거운 반응을 이끌어 내는 가장 중요한 포인트는 무엇일까요? 사실은 정말 단순합니다. 콘텐츠 자체가 사람들에게 유익해야 한다는 것입니다.

물론 인스타툰을 시작하는 초기에 곧바로 유익한 콘텐츠를 만드는 것이 쉬운 일은 아닙니다. 초보 작가의 경우 오직 자신의 재미를 위해서 창작을 시작하기도 합니다. 그리고 시간을 거치면서 유익한 콘텐츠를 만들어 내는 단계로 나아가곤 합니다. 몇몇 재능 있는 사람들은 그냥 재미로 만든 콘텐츠가 대중의 취향과 니즈에 부합하여 곧바로 인기를 얻기도 합니다만 흔한 일은 아닙니다.

그렇다면 '유익한 콘텐츠'는 어떻게 만드는 것일까요?

유익한 콘텐츠는 ① 정보성 콘텐츠일 수도 있고, ② 심미적 콘텐츠로 사람들에게 아름다움이라는 가치를 주는 것일 수도 있고, ③ 공감성 콘텐츠로서 사람들에게 웃음이나 감동을 주는 것일 수도 있습니다. 사실 이 3가지 특성이 중첩된 경우가 대부분이며, 그런 콘텐츠일수록 인기가 많습니다.

여기서는 각 콘텐츠의 특성에 대한 이해를 돕기 위해 3가지를 분리하여 콘텐츠별로 어떤 종류의 인스타툰이 속하는지를 알아보겠습니다.

정보성 콘텐츠는 유용한 정보와 지식을 전달하기 위해 만들어진 콘텐츠를 의미합니다. 인스타툰 중에는 '돈 모으는 방법이나 노하우, 부업이나 블로그 꿀팁' 등을 만화로 알려 주는 '재테크툰'이 있습니다. 그리고 '마인드셋, 이직 방법, 갓생 사는 법, 운동 방법, 외국어 공부법' 등 스스로를 발전시키는 방법과 노하우 등을 알려 주는 '자기계발툰'이 있습니다. '약학 지식, 상표권 등 법률 지식'과 같은 전문 지식을 만화로 전달하는 경우도 정보성 콘텐츠에 속합니다.

인스타그램 유저 입장에서 이런 계정들을 팔로우해 두면 유익한 정보를 손쉽게 얻을 수 있기에 계정과 게시글에 대한 팔로잉, 저장, 좋아요, 공유 수가 자연스럽게 많을 수밖에 없습니다. 이런 반응 수치가 높을수록 알고리즘은 양질의 콘텐츠를 생산하는 좋은 등급의 계정으로 판단하여 인스타그램 채널이 홈/탐색탭에 자주, 많이 노출이 됩니다. 그래서 이런 정보성 콘텐츠는 다른 유형의 콘텐츠보다 빠른 속도로 많은 사람에게 알려질 수 있습니다.

실제로 일상툰이나 스토리툰을 그리다가 정보성 콘텐츠로 계정의 방향을 전환한 후 기존 성장세와는 비교할 수 없이 빠른 속도로 영향력이 커진 작가들을 많이 보았습니다. 특정 분야에 전문 지식이나 노하우를 가지고 있을 경우 이를 콘셉트로 인스타툰을 그린다면 알고리즘의 선택을 받을 확률이 높아질 것입니다.

심미적 콘텐츠는 인간이 추구하는 아름다움을 충족시켜 주는 콘텐츠를 의미합니다. 보편적으로 인간은 고퀄리티의 일러스트레이션, 예쁘고 잘생긴 사람(연예인, 인플루언서), 해외나 국내의 아름다운 풍경 사진 등을 보면 아름답다고 생각합니다.

심미적 콘텐츠는 아름다움이라는 가치를 주는 것 자체로 이익을 줍니다. 그렇기에 사용자 반응(팔로우, 댓글, 좋아요 등)을 이끌어 내어 좋은 계정으로 평가받아 알고리즘의 선택을 받습니다. 심미성을 갖춘 완벽한 외형의 인플루언서들이 인스타그램 탐색탭에 매일 보이는 것도 이 때문입니다.

인스타툰에 적용한다면 그림체, 배경 채색 등으로 심미성을 만족시키는 소위 '금손 작가'의 작품이 심미적 콘텐츠라고 볼 수 있습니다. 귀여움이라는 특성도 인간의 심미성을 충족시키기에 인스타툰 캐릭터를 귀엽게, 호감가게 잘 그려 낼수록 심미적인 콘텐츠에 가까워진다고 볼 수 있습니다.

하지만 심미성은 주관적인 가치이기에 B급 감성을 충족시키는 병맛 캐릭터도 인기가 많습니다. 일반적인 그림체에 비해 독창성이 높고 특색 있는 콘셉트일 경우 오히려 눈에 띌 수 있습니다. 마냥 예쁜 그림체가 아니라도 유명한 캐릭터가 많이 있는 이유이기도 합니다. 개성을 드러내는 효과적인 그림체를 개발한다면 누군가의 취향을 저격하는 심미적 콘텐츠를 제작할 수 있을 것입니다.

공감성 콘텐츠

공감성 콘텐츠는 인스타그램 탐색탭에서 흔히 볼 수 있습니다. 군이 인스타툰이라는 만화 형식이 아니더라도 네이트판 사연 캡처 글, 트위터 드립, 각종 커뮤니티에 올라온 썰 등이 인스타그램 게시글로 편집되어 탐색탭에 추천됩니다. 이러한 콘텐츠는 궁금한 제목으로 클릭을 유도하고, 본격적인 내용은 사람들의 다양한 감정(분노, 슬픔, 감동, 행복 등)을 불러일으킵니다.

이런 공감성 콘텐츠가 인스타툰으로 바뀌면 '각종 마라맛 썰툰, 스토리툰(시리즈물), 병맛 공감짤, 웃긴짤' 등으로 표현됩니다. 또 다른 갈래로는 힐링시켜 주고 영감을 주며 따뜻한 분위기를 가진 '힐링툰, 에세이툰'과 같은 종류가 있습니다. 연재 방향성이 다를 뿐 공감을 불러일으켜 사람들의 반응을 이끌어 낸다는 점은 같습니다. 공감성 콘텐츠의 끝판왕인 '일상툰' 역시 공감성 콘텐츠에 포함됩니다.

일상툰은 본인의 일상에서 일어나는 모든 이야기를 공감대가 형성되게 그리기에 표현할 수 있는 범위가 굉장히 넓습니다. 각각의 에피소드에 따라 서로 다른 다양한 감정을 불러일으킬 수 있어 연애/공포/개그/스릴러 등 모든 장르를 다룰 수 있습니다. 그만큼 매력적이고 팬층이 두터운 장르입니다.

그럼 이제는 위 3가지 콘텐츠의 특성을 충족시키며 알고리즘의 선택을 받을 수 있는 방법을 알아보겠습니다.

첫째, 꼭 미술을 전공할 필요는 없지만 그림을 업(부업)으로 삼고자 한다면 심미성을 충족시키기 위한 그림체 정비가 필요합니다. 네이버나 카카오 웹툰의 고퀄리티 그림까지는 아니더라도 귀엽고 호감 가는 매력을 지닌 그림체로 인스타툰을 연재하는 것이 사람들의 이목을 끌기에 유리합니다. B급 감성을 충족시키는 특색 있는 그림체도 가능합니다.

둘째, 이 만화를 보는 것이 이득이 된다는 느낌을 독자에게 줄 수 있어야 합니다. 이런 느낌을 가장 빠르게 채워 주는 것은 앞서 말한 정보성 콘텐츠를 연재하는 것입니다. 그러면 사람들에게 즉각적으로 도움이 되기 때문에 빠르게 계정이 성장할 확률이 높아집니다.

실제로 재테크툰이나 블로그, 스마트 스토어 등 부업에 관한 정보를 알려 주는 인스타툰은 비교적 빠른 속도로 탐색탭에 노출되며 성장합니다. 유용한 정보를 전달하는 인스타툰은 '좋아요, 저장, 팔로우' 등의 사용자 반응이 많이 일어나기에 알고리즘의 선택을 받는 것입니다.

물론 정보성 콘텐츠를 연재하는 모든 계정에게 이 혜택이 가는 것은 아닙니다. '양질의 정보'를 '잘 표현한 계정'의 경우에만 알고리즘의 선택을 받습니다. 이 방향성의 연재가 쉽다고 할 수는 없지만 일상툰과 비교하면 성장 속도는 더 빠를 수 있습니다. 그래서 여러분이 특정 지식을 잘 알고 있다면, 이를 주제로 인스타툰을 시작하는 것을 추천합니다.

저 역시 정보성 콘텐츠로 「블로그로 돈 버는 방법」에 대해 3건의 만화를 올린 적이 있습니다. 성과를 비교해 보면 기존에 연재하던 「일진

이 내 여친을 좋아한 썰」에 비교했을 때 게시글을 저장하는 수가 30배 정도 차이가 났습니다. 이런 반응이 지속된다면 알고리즘이 계정을 우수하게 평가하여 빠르게 성장할 수 있겠다는 생각이 들었고, 사용자의 확연히 달라진 반응을 보면서 정보성 콘텐츠의 위력을 느낄 수 있었습니다. 비록 저는 기존 계정의 성격과 달라 이후로는 연재하지 않았지만 정보성 콘텐츠에 대한 반응을 테스트해 볼 수 있어 유의미했습니다.

셋째, 빠르게 계정을 성장시키고 싶다면 다수의 공감을 사는 주제를 선택하는 것이 중요합니다. 감정이입을 잘할 수 있는 경험을 다루면 댓글에 친구를 태그하는 등 콘텐츠가 바이럴될 확률이 높기 때문입니다. 많은 사람이 경험해 봤음직한 것들에 특별함이 한 스푼 담겨 있으면 금상첨화입니다.

모두가 경험했을 '학창 시절 이야기'를 주제로 만화를 연재한 사례로 설명하겠습니다. 학교생활을 하다 보면 질 나쁜 친구들, 소위 이진이라고 불리는 '일진 연습생'을 만날 수 있는데, 저는 「일진에게 찍힌 썰」이라는 시리즈물을 연재할 때 그런 유형의 학생과 엮인 사건을 풀어냈습니다.

만화 속에서 일진 연습생이 교묘하게 저를 괴롭히고 치졸하게 구는 모습에 독자들의 공감을 많이 살 수 있었습니다. 실제로 직접 당하지 않았더라도 일진 연습생들의 비굴한 모습을 지켜본 사람이 많았기 때문에 더욱 그런 반응을 얻을 수 있었을 것입니다. 일진 연습생의 만행에 이어서는 그를 처치했던(?) 일화를 담았는데, 특별한 결말 덕분에 독자들에게 카타르시스를 선사할 수 있어서 더욱 반응이 좋았습니다.

그런데 학창 시절 이야기 중 다른 소재를 사용했다면 결과가 달랐을 수도 있습니다. 예를 들어, 사람들의 공감 따위는 신경 쓰지 않고 과거의 행적을 자랑하고 싶어서 만화를 연재했다고 하겠습니다.

만화 내용이 '저는 중·고등학생 때 나름 공부를 잘했는데 만년 전교 5등이었고, 최고로 점수가 잘 나왔을 때 전교 3등을 했습니다. 그래서 늘 아쉬움이 있었고, 전교 1등을 못해 봐서 아쉬워요~!ㅠ'였다면 어땠을까요?

공감은커녕 오히려 재수 없을 것 같다는 생각이 듭니다. 콘텐츠 연재의 목적이 계정 성장이라면 '이 만화가 타인에게 공감을 불러일으키는가?'를 염두에 두는 게 중요합니다. 간혹 작품을 만들다 보면 지극히 자기중심적이고 회고적인 콘텐츠를 제작하게 될 때가 있습니다. 그런 내용은 일기에 쓰는 것을 추천합니다.

정리하자면, ① 그림체를 정비하고, ② 유용한 콘텐츠인지 점검하며, ③ 다수의 공감을 살 수 있는 콘텐츠를 꾸준히 연재한다면 사용자의 선택을 받을 확률이 높아집니다. 이를 통해 알고리즘에게 긍정적인 계정으로 인식되어 더더욱 빠르게 성장할 수 있는 기회가 열리게 됩니다.

돌이켜보면 제가 4년 6개월이나 무명이었던 이유는 알고리즘이 선택하지 않는 만화를 그렸기 때문이라고 생각합니다. 나름대로 소소하고 귀여운 만화를 그려 냈다고 생각했지만 못생긴 그림체로 타인이 궁금해하지 않는 내용이라 도움도 되지 않고 유익함도 주지 못한 것이었습니다.

사람들은 팬이 되고 애정하기 전까지는 노잼에다 평범한 작가의 일상에서 무언가를 얻지 못합니다. 정말 귀엽거나, 정말 웃기거나, 재밌거나, 감동적이거나, 도움이 되거나 하는 등 눈에 띄는 강점이 있어야만 빠른 성공이 가능합니다.

요즘 릴스에 인스타그램 계정 성장 비법에 대한 '~카더라' 정보가 많이 뜹니다. 대부분 게시글을 몇 시에 올리면 반응이 좋다, 무슨 요일에 올리면 도달이 좋다 등의 내용입니다. 이런 정보는 처음 시작하는 인스타툰 작가에게는 큰 고려의 대상이 아니라고 봅니다.

그런 비법을 모두 지킨다고 하더라도 콘텐츠가 유익하지 않으면 유저들은 콘텐츠에 머무르지 않을 것이고, 좋아요/댓글/저장/팔로우로 연결되지도 않을 것입니다. 그렇게 되면 알고리즘의 선택은 물 건너가게 되는 것이지요. 결국 콘텐츠가 제일 중요합니다.

알고리즘의 선택을 받기 위한 소통 방법에 대해 알아보겠습니다. 인스타툰의 성장을 위해서는 홈/탐색탭에 노출되어 팔로워와 팔로워가 아닌 사람에게 노출이 많아져야 합니다.

2023년 5월 인스타그램 CEO인 아담 모세리가 블로그에 쓴 알고리즘에 대한 글에서 홈/탐색탭에 노출이 되는 기준을 살펴보겠습니다. 해당 글에는 어떤 게시글이 홈화면(피드)과 탐색탭, 릴스에서 높은 랭킹에 올라가는지에 대해 상세히 쓰여 있는데, 여기서는 이미지 형태의 인스타툰이 가장 빠르게 성장하기 위한 탐색탭 노출 알고리즘에 대해 설명하겠습니다.

인스타그램은 탐색탭에서 유저가 좋아할 만한 사진과 동영상을 새롭게 추천하고 있습니다. 탐색탭에 표시되는 게시물은 알고리즘에 의해 자동으로 선택됩니다. 그 알고리즘이 작동할 때 참고하는 데이터는 다음과 같습니다.

① 게시물의 인기도

특정 게시글이 올라가고 나서 얼마나 빠르게 좋아요, 댓글, 공유, 저장 등의 반응이 일어나는지가 중요합니다. 사용자의 반응이 즉각적으로 일어나는 게시물은 인기 게시물로 분류되어 탐색탭에 노출될 확률이 높아집니다.

② 유저의 탐색탭 내 활동

유저가 탐색탭에서 어떤 행동을 하는지, 즉 어떤 게시물에 좋아요를 누르고 댓글을 달았는지, 저장하거나 공유했는지 등의 데이터를 가지고 원래 반응을 보인 게시물과 유사한 콘텐츠를 더 많이 표시합니다.

③ 게시한 사람에게 반응을 보인 내역

유저가 게시자에게 반응을 보인 내역을 확인합니다. 탐색탭의 게시물은 유저가 팔로우하지 않은 사람이 업로드했을 가능성이 높은데, 유저가 한 번이라도 게시한 사람에게 반응한 적이 있을 경우 인스타그램은 동일인이 업로드한 콘텐츠를 다시금 추천해 줍니다. 즉 팔로우를 하지 않아도 전에 좋아요를 눌렀거나, 저장하거나, 공유했거나, 댓글을 남겼거나, 프로필에 방문했다든가 등의 활동이 이루어졌다면 탐색탭에 콘텐츠가 다시금 노출될 확률이 높습니다.

④ 게시한 사람에 대한 정보

게시자의 소통 횟수 등을 확인합니다. 즉 작가가 지난 몇 주간 다른 사용자들과 소통한 횟수 등 상호작용이 많았는지를 보고, 상호작용이 많으면 많았을수록 다른 사람들 역시 좋아할 만하겠다고 판단해서 탐색탭에 노출시켜 줍니다.

여기서 게시글을 올린 사람, 즉 창작자가 어떤 것에 집중해야 하는지를 생각해 볼 수 있습니다. 첫째 '게시글을 올리자마자 좋아요를 많이 받고 댓글이 달리는 게시물의 인기도'는 창작자가 컨트롤할 수 있는 영역이 아니고 팔로워들이 하는 거라서 넘기고, 둘째와 셋째 '게시글을 보는 사람이 했던 유저의 탐색탭 내 활동', '게시한 사람에게 반응을 보인 내역' 역시 작가가 통제할 수 있는 부분이 아니라 넘기겠습니다.

다행히 작가인 우리는 넷째 '게시한 사람의 소통 횟수, 즉 다른 사용자들과의 상호작용이 많을수록 좋다.'에는 집중할 수 있습니다. 게시글 댓글에 대댓글 달기 / DM 답변하기 / 스토리 올리기 / 라이브 방송하기 / 게시글(이미지 인스타툰, 릴스 등) 꾸준히 올리기 등의 활동으로 알고리즘의 사랑을 받을 수 있습니다. 즉 우리가 집중해야 하는 것은 독자들과의 꾸준한 소통을 이끌어 내는 다양한 활동입니다.

① 대댓글 달기

계정을 만든 초기에는 게시글을 올려도 댓글이 별로 달리지 않을 확률이 높습니다. 그럴 경우에 '에휴 댓글 안 달리네.'라고 한숨 쉬지 말고, 1명이라도 더 찐팬으로 만들겠다는 마음으로 댓글에 대댓글을 열심히 달고 독자와의 상호작용을 늘려 가야 합니다.

사실 저는 인스타그램 알고리즘 원리를 알지 못했던 시기에도 대댓글을 다는 게 재미있어서 모든 댓글에 답글을 다 달았습니다. 나중에 이런 행동이 계정의 성장에 엄청난 도움을 주었다는 것을 알게 되었습니다.

그래서 지금도 게시글을 올리면 초기 1~2일 동안 달리는 댓글에는 시간을 내서 모두 대댓글을 달려고 노력하고 있습니다. 독자들과의 소통을 통해서 알고리즘의 좋은 평가를 받을 수 있으며, 작가로서 에너지를 받으니 일석이조의 활동인 셈입니다.

② DM 답변하기

대댓글과 마찬가지로 초기에 DM이 오면 하나하나 열심히 답변했는데, 나중에 알고 보니 이것 역시 알고리즘이 정말 좋아하는 행동이었습니다. 팔로워들과 커넥션이 많을수록 인스타그램에서 계정을 유용하게 평가한다고 합니다.

DM이 많이 오는 계정은 참여도가 높은 계정으로 평가될 가능성이 높습니다. DM을 통해 팬들과 소통하다 보면 찐팬이 늘어날 확률도 높아집니다. 또한 알고리즘의 사랑도 받을 수 있습니다. 저는 초창기뿐 아니라 지금도 독자들로부터 DM이 오면 인스타그램에서 자동으로 숨기지 않는 이상 100% 답변을 하고 있습니다.(물론 악플이나 무례한 요구, 스팸 DM에는 대응할 필요가 없습니다.)

③ 게시글 꾸준히 올리기

게시글을 꾸준히 정기적으로 올리면 독자들에게 지속적으로 게시글이 노출되어 독자들과의 소통이 많아질 확률이 높아집니다. 또한 예측 가능한 간격으로 만화를 정기 연재하게 되면 게시글 업로드와 동시에 댓글이 달리거나 좋아요가 눌릴 확률이 높아집니다.

한 달에 한 번 만화를 올리면 그 전 화가 재미있고 궁금했더라도 정보의 홍수 속에서 만화를 잊어버릴 확률이 높기 때문에 최소 주 2회 이상 꾸준히 만화를 올리는 것을 추천합니다. 알고리즘을 통해 떡상하는 것도 중요하지만 지속 가능하게 콘텐츠를 제작할 수 있는 환경을 구축해 두어야 합니다.

직장인이라면 매주 2개의 콘텐츠를 발행할 수 있도록 매일 퇴근하고 1~2시간을 빼 둘 것을 추천합니다. 저는 직장 생활을 5년 정도 하면서 인스타툰 작업을 병행했는데, 지속적으로 콘텐츠를 생산할 수 있었던 이유는 평일에 약속을 거의 잡지 않고 만화를 그리는 시간을 따로 정해 두었기 때문입니다.

④ 릴스 올리기

요즘에는 가장 중요한 활동 중 하나가 릴스를 업로드하는 것입니다. 인스타그램에서 릴스를 강력히 밀어주는 추세이기에 동영상 작업 능력이 있다면 릴스툰 작업을 하는 것을 추천합니다.

릴스의 경우 홈 화면 탭에 1번으로 노출시켜 줘서 기존 팔로워에게 도달할 확률이 높아집니다. 탐색 화면에도 이미지보다 릴스를 더 많이 보여 주는 추세라 콘텐츠가 사용자에게 도달할 확률이 굉장히 높습니다.

그래서 요즘에는 기존에 인기 있던 인스타툰 작가들도 릴스툰을 제작하는 것에 심혈을 기울이고 있습니다. 저 역시 인스타툰을 동영상으로 제작하여 업로드했는데, 평소 이미지로 업로드했을 때에 비해 팔로워가 아닌 사람에게 노출되는 비율이 상당히 높아졌습니다.

2023년 11월 28일에 업로드한 릴스는 비팔로워 15만 명에게 노출되었고, 11월 29일에 업로드한 일반 게시물은 비팔로워 10만 명에게 노출되었습니다. 이를 통해 앞으로 더더욱 릴스 게시물에 대한 알고리즘 밀어주기가 계속될 것이란 것을 알 수 있었으며, 저 역시 꾸준히 릴스툰을 제작하려고 합니다. 릴스에 대해서는 다음 장에서 자세하게 한 번 더 다루겠습니다.

⑤ 스토리 올리기 & 라이브 방송하기

인스타그램 스토리는 게시물보다 간편하게 독자들과 소통할 수 있는 도구입니다. 게시물을 올리지 않는 날에도 스토리에 그림이나 일상을 올려서 독자들에게 친근하게 다가갈 수 있습니다. 스토리에 답장 DM이 오게 되면 이에 답변을 달면서 유대감이 높아지고, 알고리즘이 좋아하는 소통지수도 높아질 수 있습니다.

라이브 방송 역시 독자와 직접적인 소통이 가능한 창구로서 해당 기능을 활용하여 팬들과 더욱 가까워지고 소통할 수 있습니다. 알고리즘 역시 계정을 좋게 판단하게 됩니다.

| 유령 팔로워 구매는 독 |

알고리즘이 정말 싫어하는 것이 있습니다. 바로 유령 팔로워 구매입니다. 팔로워가 많아 보이고 싶어서 팔로워 구매 사이트에서 구매를 하는 경우가 있는데, 팔로워를 구매하면 작가 계정과 상호작용을 전혀 하지 않는 유령계정 팔로워가 많아지는 것이라서 장기적으로는 계정 성장에 도움이 되지 않습니다.

허수인 팔로워가 많은 것보다 정말 내 콘텐츠를 좋아해 주는 독자가 많은 것이 장기적으로 알고리즘의 선택을 당할 확률을 높일 수 있습니다. 실제 사용자와 소통하고 콘텐츠의 질을 높이고 양을 늘려서 알고리즘의 선택을 받는 편이 장기적으로 계정의 성장과 수익 창출에 유리합니다.

앞서 언급했던 것처럼 요즘 알고리즘이 밀어주는 것은 숏폼 콘텐츠인 릴스입니다. 틱톡의 인기를 시작으로 유튜브와 인스타그램에서는 각각 '쇼츠', '릴스'라는 이름의 숏폼 콘텐츠를 유저에게 제공하기 시작했습니다. 처음에 사람들은 '이게 뭐야?' 하는 반응을 보였지만 얼마 지나지 않아 숏폼 콘텐츠에 모두 익숙해지기 시작했고, 이제는 시청 빈도수 역시 유의미하게 높아졌습니다.

오픈서베이에서 발행하는 「소셜미디어 검색포털 트렌드 리포트 2023」에 따르면 인스타그램 유저의 하루 릴스 시청 빈도는 3.16회입니다. 1회

접속 시 시청 콘텐츠의 개수는 10.6개로 릴스를 연속해서 10.6개 정도 본 후에 이탈을 한다고 합니다. 주로 시청하는 콘텐츠 길이는 33초로 릴스의 경우 틱톡, 유튜브 쇼츠에 비해 시청 지속 시간이 더 짧은 편입니다. 즉 릴스야말로 진정한 숏폼 콘텐츠에 가깝다고 할 수 있습니다.

릴스는 홈 화면에서 상단에 노출시켜 준다는 점과, 탐색 화면에 보이는 14개의 콘텐츠 중 4~9개 정도가 릴스인 것으로 볼 때 정지된 이미지보다 사용자에게 보다 많이 노출된다는 장점이 있습니다. 이러한 알고리즘의 릴스 띄워주기에 맞추어 인스타툰 작가들 역시 애니메이션을 제작하고 있습니다. 릴스를 통해 노출과 도달이 높아지면 계정 성장에 도움이 될 수 있습니다.

애니메이션은 그림을 1장씩 그려서 움직임을 표현하는 프레임 바이 프레임(frame by frame) 방식과 컴퓨터 툴을 활용하여 만드는 방식이 있습니다.

프레임 바이 프레임 방식의 경우 프로크리에이트, 클립 스튜디오 등으로 그림을 그려서 이어 붙이는 형태로 동작을 만들어 낼 수 있습니다. 작업량은 많지만 새롭게 툴을 배울 필요는 없다는 장점이 있습니다.

컴퓨터 툴을 활용하여 만드는 방식의 경우 새로운 툴을 배워야 하는 진입장벽이 있지만 한 번 배워 두면 작업 속도가 빠르다는 장점이 있습니다. 캐릭터에 뼈대를 심어 주는 리깅 작업을 통해 팔, 다리, 입, 눈 등 신체가 움직일 수 있게 할 수 있어 생생한 애니메이션을 보다 빠르게 작업할 수 있습니다.

하지만 정지된 그림으로 스토리를 표현하던 인스타툰 작가가 갑자기 애니메이션을 고퀄리티로 제작하는 것은 쉽지 않습니다. 기술적인 면만 생각하면 릴스를 만드는 것이 골치 아프고 시도하기가 겁나는 게 사실입니다. 하지만 인스타툰에서 중요한 것이 작화 실력 하나만이 아닌 것처럼 릴스툰 역시 기술력 하나로 성공하는 영역이 아닙니다.

우선 스토리텔링과 기획력이 중요합니다. 공감 가는 스토리텔링이라면 영상의 완성도와 상관없이 사용자가 친구를 태그하거나 공유를 많이 하게끔 유도될 것입니다. 흥미로운 도입부로 릴스를 넘기지 않도록 하는 기획력과 끝까지 시청하게 만드는 스토리텔링 능력이 있다면 애니메이팅이 화려하지 않더라도 도달과 유입이 높아질 것입니다.

인스타그램 릴스로 인기 있는 영상은 대부분 다른 유저에게 공유하고 싶은, 다른 유저를 태그하고 싶은 욕망을 자극하는 공감성 콘텐츠가 많습니다. '일찍 잔다며!' 하면서 때리는 영상에는 일찍 잔다고 해 놓고 인스타그램을 하는 친구, 연인을 태그하는 유저의 행동으로 이어졌습니다. 커플 간에 공감할 만한 주제도 공유나 반응이 폭발적이었습니다. 정보성 릴스의 경우에는 저장하는 경우가 많아서 그림 꿀팁이나 인스타툰 관련 강의를 하는 작가들에게 도움이 될 것으로 보입니다.

릴스의 경우 공감성, 정보성, 스토리텔링, 기획이 어렵더라도 유명한 음원을 활용하여 영상을 제작하는 문화가 자리 잡혀 있기에 이미 사람들에게 좋은 반응을 얻은 스토리를 활용하여 영상을 제작할 수 있습니다. 예를 들어, 한창 유행한 '웅니야, 나랑 놀아, 나랑 왜 안 놀아~'로 시작

175

하는 비챤 님 음원은 릴스로 계속 재생산된 음원 중 하나입니다. 저 역시 이 음원에 뱁새 캐릭터와 뱁새 언니 캐릭터를 등장시켜서 간단한 애니메이션을 제작했고, 총 15.8만의 조회수가 나왔습니다. 강민경 님이 유튜브에서 '버티자! 인생은 버티는 거야!'로 말하는 음원도 뱁새 캐릭터가 크리스마스까지 버틴다는 느낌의 간략한 애니메이션으로 제작하여 13.9만의 조회수가 나왔습니다. 기존에 존재하는 훌륭한 스토리텔링과 목소리가 인기 음원으로 제공되니, 이에 맞추어 내 캐릭터를 매력적으로 등장시키는 것으로 릴스를 시작해 볼 수 있습니다.

유명한 영어(혹은 외국어) 음원에 한글 자막을 달아서 애니메이션을 만들 수도 있습니다. 이는 한국인뿐 아니라 전 세계 인스타그램 유저 모두에게 내 캐릭터를 홍보할 수 있는 기회가 됩니다. 팔로워가 한국인에 한정되지 않고 훨씬 더 많이 늘어날 수 있고, 캐릭터 굿즈를 전 세계 시장에 판매할 수 있는 구조로 연결될 수도 있습니다.

릴스는 인스타그램 스토리에 있는 인터랙티브 스티커를 사용할 수 있는데, 설문/퀴즈/이모티콘 슬라이더 등을 활용하여 릴스를 유저와 소통할 수 있는 창구로 사용할 수도 있습니다.

팔로워가 적거나 신규 계정이라면 릴스에 집중하여 도달률과 노출 수에서 압도적인 우위를 선점하는 것도 하나의 전략입니다. 릴스툰으로 인기를 얻는다면 10만 명, 20만 명 팔로워 계정의 인스타툰 작가보다 더 많이 도달하여 높은 조회수를 얻을 수 있습니다.

실제로 팔로워 수는 1만 명이 되지 않는데 릴스툰으로 100만 명 이상의 조회수 성과를 낸 사례가 여럿 있습니다. 심지어 최근 홈 화면에 뜬 릴스는 300만 조회수의 영상이었는데 계정 팔로워는 500명이라서 놀란 적이 있습니다.

물론 릴스는 인스타툰에 비해 팔로워 전환이 낮습니다. 하지만 정지된 이미지만 올리는 것보다 훨씬 더 빠르게 여러 유저에게 계정과 캐릭터가 노출된다는 장점이 있습니다. 그래서 팔로워 전환율은 낮더라도 캐릭터의 인지도를 올리는 데에는 꾸준히 릴스를 업로드하는 것이 굉장히 좋은 전략이라고 생각합니다.

또 릴스는 인스타그램 내에서 자체적으로 수익을 창출할 수 있는 기회를 부여하고 있습니다. 명칭은 '보너스'로 시청 시간과 조회수 같은 성과에 따라 리워드 비용을 입금해 줍니다. 기프트 기능도 있어서 팬이나 시청층이 작가를 후원할 수도 있습니다. 하지만 모두에게 보너스 기능이 부여되는 것은 아니고 일부 유저에게만 선택적으로 부여되고 있어 릴스를 올린다고 바로 돈을 벌 수 있는 것은 아닙니다.

그럼에도 릴스는 인스타툰 작가에게 큰 기회가 될 수 있습니다. 릴스를 너무 어렵게 생각하지 말고 도전해 보시기 바랍니다. 저 역시 애니메이팅을 하나도 할 줄 몰랐지만 간단하게 작업하여 애니메이션 릴스를 만들고 있습니다. 제가 올린 릴스는 2024년 7월 기준 최대 조회수가 72.7만 회이지만, 앞으로 100만, 200만 조회수의 릴스가 나올 때까지, 즉 알고리즘의 선택을 받을 때까지 노력할 것입니다.

인스타그램 스토리란 앞서 용어 정리에서 설명했듯이 게시글과 달리 24시간 후에 사라지는 이미지 혹은 동영상 공유 기능을 의미합니다. 인스타그램 스토리의 기능을 살펴보면서 인스타툰 작가가 인스타그램 스토리(인스스)를 어떻게 활용하면 좋을지 알아보겠습니다. 참고로 책에서 설명하는 인스타그램 스토리의 화면은 2024년 3월 기준입니다. 스토리 내의 기능은 인스타그램에서 추가, 삭제하고 있어 책을 읽는 시점에는 화면이 다를 수 있다는 점을 참고해 주세요.

초보자들을 위해 스토리 올리는 법부터 다루겠습니다. 인스타그램 스토리를 올리려면 홈화면의 내 스토리에서 +버튼을 누르거나, 프로필에 들어가서 계정 이미지에 있는 +버튼을 누르거나, 계정 옆의 +버튼을 누르고 스토리를 선택하면 됩니다. 스토리로 들어가면 카메라로 촬영되는 상태인데, 이때 왼쪽 아래에 있는 갤러리를 누르면 핸드폰에 저장된 사진을 선택할 수 있습니다.

텍스트 입력 방법

상단에 Aa 버튼을 누르면 텍스트를 입력할 수 있습니다. 입력 후 위 버튼을 누르면 텍스트에 배경을 씌울 수 있고, 오른쪽 버튼을 누르면

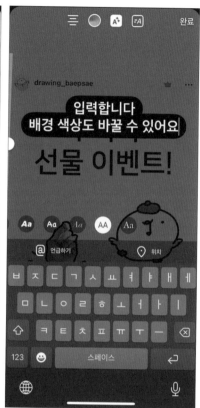

애니메이션 인터랙션을 넣을 수 있습니다. 텍스트의 정렬이나 색상도
변경할 수 있습니다. 골뱅이를 넣어서 사람을 언급할 수 있고 위치도
추가할 수 있습니다.

    상단의 페이지 안에 웃는 표정의 아이콘을 누르면 각종 기능을 사용할 수 있습니다. 위치, 언급, 직접 추가, 질문, GIF, 아바타, 음악, 컷아웃, 직접 추가(템플릿), 설문, 이모지 말풍선, 퀴즈, 이모지 프로그레스 바, 링크, 해시태그, 시간, 카운트다운, 온도, 이미지 추가, 스티커 등의 기능이 있습니다.

특히 많이 활용하는 것은 질문 기능입니다. 질문 기능을 통해 '무엇이든 물어 보세요!' 식으로 독자 의견을 받을 수 있습니다. 질문 내용은 클릭해서 변경할 수 있습니다. 이 기능을 활용하여 각종 아이디어(굿즈/이모티콘/콘텐츠 관련)를 받아 볼 수도 있습니다.

설문 기능은 2가지 이상의 선택지를 두고 사람들이 고를 수 있도록 하는 기능입니다. 질문 기능은 주관식 답변이 가능하다면, 설문 기능은 작가가 선택지를 설정하고 독자들이 객관식으로 답변할 수 있게끔 하는 기능입니다.

컷아웃은 가장 최근에 추가된 기능으로 이미지를 자동으로 잘라내어 스티커처럼 활용할 수 있게 해 주는 것입니다. 기존에 그린 만화를 올리면 캐릭터를 중심으로 컷아웃하여 스토리를 꾸미는 데 사용할 수 있습니다.(*인스타그램 UI가 수시로 바뀌기 때문에 책의 이미지와 현재 화면상 이미지는 다를 수 있습니다.)

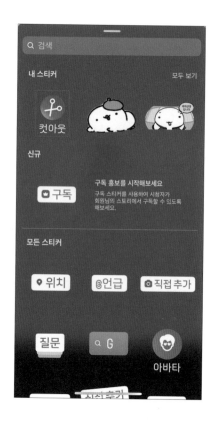

퀴즈는 말 그대로 퀴즈를 낼 수 있는 기능이며, 이모지 말풍선은 원하는 이모지를 선택해서 사람들이 탭해서 반응할 수 있게끔 하는 기능입니다. 이모지 프로그레스 바는 원하는 이모지를 선택한 다음에 사람들이 끌어당기면서 반응할 수 있도록 하는 기능입니다.

링크는 다른 링크로 이동시킬 수 있는 기능으로 광고툰을 그렸을 때 광고하는 제품이나 서비스로 연결시키기 위해 사용합니다. 갤러리 버튼을 누르면 이미지 위에 또 새로운 이미지를 올릴 수 있고, 카운트다운은 이벤트 오픈 등에 사용할 수 있습니다. 그 밖에 해시태그, gif 넣기 등의 꾸밈 기능도 있습니다.

   게시글을 누른 후 종이비행기 아이콘을 누르면 공유하는 다양한 방법이 아래에 뜹니다. 스레드나 스토리에 추가 공유 대상 링크 복사 등의 기능이 있는데, 여기서 스토리에 추가를 클릭하면 게시글을 스토리에 올릴 수 있습니다. 만화를 올린 후 스토리에 업로드해 주면 만화 업데이트 소식을 독자들에게 알릴 수 있습니다.

인스타그램 스토리 알고리즘

스토리의 순위를 지정할 때는 스토리의 조회 빈도, 참여 내역, 친밀감을 고려합니다. 즉 내 계정의 스토리를 조회하는 사람이 많을수록 독자들이 놓치고 싶지 않을 것이라고 판단하여 우선순위를 지정합니다. 스토리에 좋아요를 누르거나 DM을 보내는 등의 참여 빈도가 높을수록 우선 노출합니다. 게시자와 독자의 관계성을 고려하므로 평소에 소통을 많이 한 계정의 스토리는 앞단에 뜰 확률이 높습니다.

스토리 하이라이트 고정 활용 방법

스토리 하이라이트 고정 기능을 활용하여 인스타그램 프로필에 작가의 업적이나 개성을 드러낼 수 있습니다. 본인이 출간한 책, 출시한 이모티콘 등을 고정하여 홍보를 할 수 있습니다. 협업툰 관련 스토리를 고정하여 광고 용도로도 사용할 수 있습니다. 본인의 작업물, 단편만화, 팬아트, 무엇이든 물어보세요(Q&A) 등을 고정하여 브랜드를 강화할 수도 있습니다.

저는 이모티콘, 클래스 101 홍보를 비롯하여 제가 그린 단편 만화, 짤 모음집, 팬네임, 무물(무엇이든 물어보세요), 팬들과의 DM, 팬아트를 고정하여 강의, 이모티콘 홍보, 브랜드 강화 용도로 사용하고 있습니다.

인스타그램 크리에이터 계정(비즈니스 계정)이 되면 게시물 각각의 인사이트뿐 아니라 계정의 인사이트를 확인할 수 있습니다. 크리에이터 계정 설정 방법은 앞서 용어 정리에서도 설명했지만, 다시 한 번 정리하겠습니다.

| 크리에이터 계정 설정하는 법 |

인스타그램 개인 프로필 내 오른쪽 상단 줄 3개 클릭 > 설정 및 개인정보 > 계정 > 프로페셔널 계정으로 전환 > 카테고리 선택 > 연락처 및 페이스북 페이지 스킵해도 무관 > 비즈

니스 계정으로 전환 완료

크리에이터 계정이 되면 인사이트를 볼 수 있습니다. 인사이트에서는 콘텐츠의 도달, 노출, 독자의 참여도 등을 확인할 수 있습니다.

◇ 게시글 인사이트 보기

인사이트를 보기 위해서는 게시물에 들어가 '인사이트 보기' 버튼을 누릅니다. 정지된 이미지 콘텐츠에 대한 인사이트는 다음 이미지처럼 나옵니다.

인사이트에서 보이는 개념들을 한 번 더 정리하자면, 도달이란 게시물을 한 번 이상 본 '고유 계정 수'를 의미하며, 노출은 게시물이 사용자의 화면에 표시된 횟수를 의미합니다.

계정의 도달률, 노출 수가 높으면 현재 계정이 올리는 콘텐츠가 계정의 성장에 도움을 주고 있음을 확인할 수 있습니다. 도달, 노출의 팔로워, 비팔로워 비율을 확인할 수 있는데 이중 비팔로워의 비율이 높다는 것은 독자가 될 수 있는 잠재 독자의 수가 늘어났음을 의미합니다.

참여한 계정은 게시물에 반응을 보인 계정 수를 의미합니다. 반응에는 좋아요, 저장, 댓글 및 공유가 포함됩니다. 이 반응이 좋을수록 알고리즘은 콘텐츠를 세상에 퍼뜨려 줍니다.

알고리즘의 선택을 받으면 비팔로워에 대한 노출, 도달 비율이 갑작스럽게 높아집니다. 이때 단순히 노출과 도달에 그치지 않고 팔로워 전환까지 이어진다면 계정이 성장하게 됩니다.

릴스 게시물 하단에 있는 인사이트 보기 버튼을 누르면 릴스에 대한 인사이트를 볼 수 있습니다.

최근 30일간 가장 성과가 좋은 릴스의 경우 이와 유사한 릴스를 더

만들어 보라는 인스타그램 공식 의견이 보이기도 하며, 아래에는 재생 횟수, 시청 시간, 평균 시청 시간 등이 보입니다. 그리고 팬 잔류라는 그래프가 보입니다(기종과 버전에 따라 나오지 않는 경우도 있음). 해당 그래프에서는 영상의 지점마다 이탈률이 보입니다. 오래 잔류할수록 평균 시청 시간이 길어지며, 잔류 구간을 확인하면 어떤 포인트에서 시청자들이 영상을 넘겨 버리는지 확인할 수 있습니다. 초반부 이탈률이 높을수록 릴스가 알고리즘을 탈 가능성이 낮아진다고 볼 수 있습니다.

인사이트 기능 활용법

인기 콘텐츠 분석

인사이트를 통해 내 계정에서 인기 있는 콘텐츠를 분석할 수 있습니다. 만약 인스타툰 주제를 잡지 못했다면, 초기에는 여러 주제로 만화를 그려 올려 보고 그중 가장 반응이 좋은 콘텐츠가 무엇인지, 내 계정의 팔로워는 어떤 콘텐츠를 원하는지 인사이트를 통해 확인할 수 있습니다.

저는 운영 초기에 학교생활을 주제로 한 콘텐츠, 힐링/에세이 등 진지한 콘텐츠, 밈을 패러디한 콘텐츠 등을 섞어서 제작했습니다. 인사이트 수치를 보니 학교생활 콘텐츠가 확연하게 더 인기 있음을 알 수 있었습니다. 그래서 이후에는 과감하게 다른 콘텐츠를 포기하고 인기 콘텐츠와 유사한 주제의 콘텐츠를 제작했습니다.

알고리즘 선택 요소 강화

인사이트에서 중요하게 여기는 수치들에 집중하여 알고리즘의 선택을 받을 수 있습니다. 댓글, 좋아요, 공유, 저장 등 참여가 많을수록 알고리즘은 콘텐츠를 좋게 평가하기에 이를 늘리기 위한 방안을 생각해 보는 것입니다. 간단하게는 콘텐츠 참여 반응을 이끌어 낼 수 있는 본문 문구나 내용을 만화에 추가해 볼 수 있습니다. 댓글 이벤트를 열어 댓글 수를 늘릴 수도 있습니다. 요즘 유행하는 '댓글에 ○○을 남겨 주시면 PDF 파일을 DM으로 보내드립니다.'와 같은 콘텐츠 역시 시청자의 반응을 유도하여 알고리즘에 긍정적 평가를 받기 위한 것입니다.

알고리즘은 평균 시청 시간이 길수록 해당 릴스를 좋은 콘텐츠로 판단합니다. 그렇기에 평균 시청 시간을 늘리기 위한 방안을 생각해야 합니다. 간단하게는 영상을 짧게 만드는 방법이 있으며, 영상이 시작하자마자 집중할 수 있는 후킹 포인트를 넣어 주는 방법도 있습니다. 즉 시선을 끄는 인스타툰의 표지 역할이 릴스 영상 도입부 1~2초에 드러나야 합니다.

알고리즘을 통해 인기를 얻은 콘텐츠가 있어도 계정이 금세 알고리즘의 버림을 받을 수 있습니다. 알고리즘은 변화하고, 또 한 계정만 계속 밀어주지 않기 때문입니다. 하지만 알고리즘이 내 계정을 버렸다고 실망할 필요는 없습니다. 당장 인사이트가 좋지 않아도 다시 좋아질 수 있게끔 하면 됩니다. 기존 팔로워들이 좋아하고, 저장하고, 댓글을 달고, 공유할 수 있는 양질의 콘텐츠를 만드는 것이 방법입니다. 기존 팔로워의 참여도가 높아지면 알고리즘은 다시금 게시글을 비팔로워에게 뿌려 줄 가능성이 높아집니다.

알고리즘이 중시하는 내역들이 인사이트에 모두 나와 있으니 어떤 수치를 향상시킬 수 있을지 고민하면서 참여도가 좋은 콘텐츠를 만들면 됩니다. 결국 알고리즘은 양질의 콘텐츠를 선택해 줍니다. 인사이트가 바닥을 칠 때에는 다음 콘텐츠를 어떻게 더 좋게 만들지에 집중해야 합니다.

실행 가이드북

1. 인스타툰 계정을 만든 후 '크리에이터 계정'으로 바꿉니다.
2. 인스타그램 스토리의 다양한 기능을 활용하여 스토리를 올립니다.
3. 내가 올린 게시글의 인사이트를 분석합니다. 가장 인기 있는 게시글은 어떤 주제의 게시글인가요? 해당 게시글과 유사한 콘텐츠를 기획합니다.

인스타툰으로
온라인
건물주 되기

Instagram

팔로워 1,000명, 2,000명일 때 진행한 광고

수익화가 가능한 '최소 팔로워' 수

인스타툰 작가들이 할 수 있는 수많은 상업 활동 중에 대표적인 수익 구조는 광고툰입니다. 광고주, 광고대행사가 작가에게 연락을 취해 광고 협업이 이루어집니다. 알려진 바로는 팔로워 1만 명 이상은 되어야 광고 제안을 받는다고 하지만, 저 같은 경우에는 팔로워가 1,000명 대 중반이던 2020년 9월에 첫 번째 광고를 진행하게 되었습니다. 그리고 2021년 6월에 팔로워가 2,000명 대 중반이 된 이후 두 번째 광고를 진행했습니다.

첫 번째 광고는 출판사에서 DM으로 협업 문의를 받았고, 두 번째는 광고주-창작자 매칭 서비스인 '잇툰'에서 메일로 협업 제안을 받았습니다.

처음에는 광고를 진행해 본 경험이 없어서 비용을 얼마로 책정해야 할지 몰랐는데, 광고주 측에서 협업 제안과 함께 금액, 작업 컷 수를 명시해 주었습니다. 두 번째 협업 역시 투명하게 광고비가 공개되어 있어서 얼마를 받아야 할지 고민할 필요가 없었습니다.

팔로워 1,000명 대 광고 비용

팔로워 1,000명 중반일 때 진행한 출판사의 책 관련 홍보는 10컷에 20만 원의 비용으로 협업을 제안받았습니다. 즉 컷당 2만 원의 작업 비용이었습니다. 작업 프로세스는 신간 도서를 전달받아 직접 읽고 관련 후기를 만화로 그린 다음 출판사 측의 컨펌이 완료되면 제 계정에 만화를 업로드하는 것이었습니다.

인스타툰으로 돈을 벌어 본 적이 없기 때문에 크지 않은 금액이었지만 정말 행복했습니다. 첫 광고인 만큼 설레는 마음으로 작업을 진행했습니다. 회사 밖에서 20만 원을 벌었다는 것 자체가 큰 기쁨이었습니다.

(*2020년 9월 협업 진행 비용으로 현재는 물가와 인건비 상승에 맞추어 팔로워 1,000명 대 광고 비용이 상향되었을 수 있습니다.)

첫 번째 광고 작업을 한 지 9개월 후 두 번째 협업 제안을 받았습니다. 그때는 팔로워가 2,000명 대 중반이었고, 광고주-창작자 매칭 서비스인 '잇툰'에서 제품 홍보 협업 제안을 받았습니다. 기존에 잇툰 서비스에 작가로 등록해 두어서 적합한 광고주가 나타나자 회사 측에서 저와 광고주를 매칭해 준 것입니다.

당시 받았던 협업 조건은 3컷에 15만 원이었습니다. 그리고 직접 홍보 제품을 사용해 볼 수 있도록 제품을 여러 개 보내주었습니다. 즉 컷당 5만 원의 작업 비용과 체험용 제품을 받았습니다. 작업 프로세스는 제품 홍보 콘티를 작성하고 회사의 컨펌을 받은 후 채색까지 완료하는 것이었습니다. 작업이 종료된 후 잇툰 서비스 자체에 대한 협업 후기 1컷을 그려 주면 5만 원을 더 준다고 해서 추가 작업도 했습니다. 정리하면 두 번째 협업은 총 4컷에 20만 원으로 협업을 했습니다.

인터넷 세상에서는 보통 팔로워가 1만 명은 되어야 수익화를 할 수 있다고 했는데 직접 경험해 보니 광고를 받는 '최소 팔로워 수'는 존재하지 않았습니다. 1,000명 대 정도의 작은 규모에도 광고 의뢰가 왔고 수익화를 이룰 수 있었기 때문입니다.

광고주의 목적이 '적은 비용'으로 '규모가 작은 다수의 채널에서 홍보'하는 것이라면 오히려 소형 인스타툰 작가에게 홍보를 맡기고 싶어 할 것입니다. 간혹 인스타툰 작가에게 저가로 광고를 집행한 뒤 다른 대형 채널에 업로드하여 인스타그램 자체 광고를 하는 업체도 있습니다. 원래는 이런 경우 작가가 라이선스 비용을 받아야 하지만 초보 작가는 그런 사실을 몰라서 추가 비용을 요구하지 않으니, 업체로서는 그림 잘 그리고 스토리 잘 풀어내는 소형 계정 작가 여러 명에게 작업을 의뢰하는 것을 선호할 수도 있습니다.

광고주는 언제나 콘텐츠를 필요로 합니다. 그러므로 인스타툰 팔로워 수가 적더라도 광고주에게 노출될 수 있도록 하는 것이 중요합니다. 앞서 말한 광고주-창작자 매칭 서비스인 '잇툰'을 활용하거나, 인스타그램 외의 채널(블로그, 브런치, 유튜브) 등에 본인의 활동을 홍보하는 것도 방법입니다.

(*2021년 6월 협업 진행 비용으로 현재는 물가와 인건비 상승에 맞추어 팔로워 2,000명대 광고 비용이 상향되었을 수 있습니다.)

팔로워 300명 미만일 때 수익화한 썰

뱁새툰을 작업하기 이전에 팔로워가 300명도 채 되지 않았던 시절에도 만화로 수익화를 이룬 경험이 있습니다. 대학교 4학년 때 「연희동 출장집사」라는 길고양이 관련 만화를 그려서 인스타그램, 브런치, 네이버 도전만화에 동시에 올렸는데, 동물 웹 매거진 '캣랩'에서 연재 제의를 받았습니다. 회당 3만 원씩 지급받는 조건이었습니다. 사실 저는 돈을 받지 않고도 어차피 스스로 작업해서 계속 만화를 올릴 생각이었는데 적은 비용이지만 돈을 준다고 하니 무척 기뻤습니다. 또 웹 매거진에 만화가 실리는 것 자체가 영광이라는 생각에 냉큼 협업을 수락했습니다. 그리하여 1화부터 33화까지 만화를 연재하고 협업을 마무리했습니다.

여기서 끝이 아니었습니다. 얼마 지나지 않아 당시 재학 중이던 대학교 커뮤니티 사이트에서 연락이 왔습니다. 학교 커뮤니티를 활성화하기 위해 크리에이터를 모집하고 있는데, 브런치에 연재 중인 만화를 올려 주면 회당 10만 원을 지급하겠다고 제안한 것입니다. 옳다구나 하고 수락했습니다.

그렇게 하나의 작품을 제 인스타그램과 브런치, 고양이 웹매거진, 학교 커뮤니티 사이트에 올리며 회당 13만 원씩 수익을 얻게 되었습니다. 인스타그램 팔로워는 300명도 채 되지 않았지만 브런치, 네이버 도전만화 등 다른 사이트에서 만화가 발견되어 팔로워가 1,000~2,000명 대 중반일 때보다 더 많은 수익화를 이루어 낼 수 있었습니다.

(*2018년 기준으로 지급받은 비용입니다.)

수익화의 활로는 어디서 어떻게 열릴지 모르기 때문에 인스타그램뿐 아니라 다양한 사이트를 활용하는 것을 추천합니다. 업체의 니즈가 여러분의 만화와 맞다면 팔로워가 많지 않더라도 수익화를 이루어 낼 수 있습니다.

작업 전에 협상이 필요한
광고 단가 목록

인스타그램 계정 크기별로 광고 단가를 책정하는 기준은 일반적으로 계정의 팔로워 수, 게시물의 인기도(좋아요, 댓글 수), 광고 노출량(도달률, 노출 수) 등을 고려하여 결정할 수 있습니다. 하지만 사실 명확한 기준이 없으니 단가를 얼마로 받을지는 작가 개인이 선택하는 영역입니다.

인스타툰 광고 단가는 작가가 스스로 자기 계정과 콘텐츠의 가치를 판단하여 가격을 책정하는 구조입니다. 계정마다 어떤 주제인지에 따라 만화의 내용이 다르고 팔로워들의 성향이 달라서 똑같은 팔로워 수를 지녔다고 해서 동일한 비용으로 광고를 집행할 것이라고 예상할 수는 없습니다. 예를 들어, 결혼이나 육아를 주제로 한 3040 타깃의 계정은 연애를 주제로 한 1020 타깃의 계정보다 구매력 높은 팔로워가 많아서 광고 단가가 더 높을 수도 있습니다.

제 사례를 들어 보겠습니다. 앞서 말했던 두 번째 광고를 그린 지 2개월이 지난 2021년 8월에 2,000명 대 중반이던 팔로워가 6,000명 대로 늘어났습니다. 그리고 이전에 비해 정말 많은 협업 제안이 들어왔습니다. 처음 받았던 2건의 광고 요청과 달리 대부분 작업 비용을 먼저 제시해 달라는 요청이 많았습니다.

얼마를 받아야 할지 몰라서 크몽 같은 재능마켓 사이트를 찾아보았는데, 그곳에서는 만화 제작 비용이 너무나 저렴했습니다. 경쟁력이 있어야 협업이 잘 성사될 것 같다는 생각에 팔로워 6,000~1만 명 때까지는 많은 비용을 요구하지 못하고 제작 비용을 소심하게 야금야금 상향했습니다.

처음에는 광고주 측에서 인스타그램 스토리 업로드를 요청하거나 계정 업로드 비용이 추가되는지 물어 봤을 때 모두 0원이라고 대답했습니다. 제가 적절하게 돈을 받고 일을 하는지는 알 수 없었지만 회사를 다니고 있었기에 부업으로 인스타툰 광고 수익이 생기는 것 자체가 행복했습니다.

그러다가 나중에 다른 인스타툰 작가분들과 대화를 나누면서 제가 비교적 낮은 단가로 협업을 진행하고 있음을 알게 되었습니다. 재능마켓에서 만화를 그려 주는 경우는 작업 비용만 책정되어 있고 브랜딩된 채널에 업로드해 주는 건이 아닌데 잘못된 비교군을 가지고 비용을 책정했다는 사실을 알게 되었습니다.

그때까지 저는 ① 인스타그램 스토리 업로드, ② 하이라이트나 프로필에 구매링크 등록, ③ 구독자 이벤트 진행, ④ 게시물 업로드 비용을 무상으로 진행했는데, 다른 작가들은 대부분 컷당 작업 비용 외에 ①~④에 대해 따로 비용을 받고 있다는 것을 알게 되었습니다.

제가 몸소 부딪치며 알게 된 작업 전 협상이 필요한 단가 목록 5가지는 다음과 같습니다. 독자 여러분은 이 기준을 참고하여 광고 작업을 진행하기 바랍니다.

광고툰 기획 및 제작 비용

먼저 첫 번째로는 광고툰 기획 및 제작 비용을 책정할 수 있습니다. 광고툰 기획 및 제작은 스토리텔링부터 그림 작업까지를 포함합니다.

예를 들어, '모 업체에서 망고를 홍보해 주세요.'라고 했을 때 A작가는 '망고가 맛있습니다.'라고 맛을 중점으로 표현할 수 있고, B작가는 '망고가 쌉니다.'라고 가격을 중점으로 홍보할 수 있습니다. C작가는 '망고가 몸에 좋습니다.'라고 효능에 초점을 맞춰 광고할 수 있고, D작가는 '망고 먹다가 극락 간 썰'로 경험에 기반한 개그툰을 그릴 수도 있습니다. 이렇듯 홍보하는 제품이 같아도 어떻게 홍보할지는 각 작가가 만드는 스토리에 따라 달라집니다.

작가가 스토리를 짜는 이 무형의 아이디어가 사실상 광고의 성공에 큰 역할을 차지하기에 이에 대한 비용을 광고툰 기획 비용으로 책정합니다. 그리고 이 아이디어를 실제 글과 그림이 있는 만화로 제작하는 제작 비용을 책정합니다. 그래서 광고 비용을 책정할 때는 이 2가지를 합쳐서 '광고툰 기획 및 제작 비용 컷당 N만 원'으로 받을 수 있고, 항목을 각각 나눠서 받아도 됩니다.

(*저는 기획 및 제작 비용으로 합쳐서 받고 있는데, 기획과 제작을 각각 나눠서 협업으로 진행하는 작가분들도 있습니다. 정답은 없으며 작가의 선택으로 보면 됩니다.)

낮은 단가 vs 높은 단가

협업 단가를 너무 낮게 책정하는 것은 좋지 않습니다. 단가가 낮으면 당장은 광고 계약이 잘되겠지만 낮은 단가의 광고를 여러 번 하게 되면 이를 보는 팔로워의 피로도가 높아져 언팔로우가 증가할 수 있습니다. 작가의 작업량도 많아져 광고 콘텐츠 외에 본 콘텐츠를 생산할 시간이 줄어들게 됩니다. 그러다 보면 기껏 열심히 키워 놓은 계정의 성장이 둔화될 수 있습니다.

단가가 낮으면 본인뿐 아니라 인스타툰 업계 전반이 건강하지 못하게 됩니다. 내 가치를 낮게 책정하는 것은 나뿐 아니라 인스타툰 생태계를 망쳐서 다른 작가들에게까지 피해를 줄 수 있습니다.

하지만 협업 단가가 너무 높아서 광고가 계속 성사되지 않는다면 협업 비용을 조금 줄여 보는 것을 추천합니다. 광고주 측에서는 한 명의 작가에게만 연락하는 것이 아니고, 여러 작가에게 제안하고 그중 팔로워 대비 괜찮은 비용으로 작업을 진행해 주는 작가를 선택할 확률이 높기 때문입니다. 그러므로 비용을 협상할 때는 가격 협의를 할 수 있다는 사실을 미리 알려 주는 것이 좋습니다. 협의에 의해 광고주와 작가 모두 만족할 수 있는 가격으로 협업이 성사되는 것이 최선입니다.

인스타툰 채널 업로드 비용

채널 규모가 커진 후부터는 ① 광고툰 기획 및 제작 비용과 ② 인스타툰 채널 업로드 비용을 더하여 단가를 책정하는 것을 추천합니다. 그 이유는 작가가 운영하는 채널이 가진 영향력 덕분에 광고툰의 효율이 높아지기 때문입니다. 같은 게시물을 광고주 인스타그램에 올렸을 때에 비해 작가 계정에 올리면 도달률, 댓글, 좋아요 수 등 광고 반응이 확연히 다르므로 본인 채널의 영향력에 대한 비용을 업로드 비용으로 책정하는 것입니다.

채널 업로드 비용은 보통 팔로워 1명당 10원으로 책정한다고 알려져 있습니다. 즉 팔로워가 1만 명이면 10만 원의 비용을 받는 식입니다. 하지만 법으로 명시된 것도 아니고, 작가마다 기준이 다르므로 '팔로워 N명에는 N원이다!'라고 단정 짓기는 어렵습니다.

인스타그램 스토리 업로드 비용

인스타그램 스토리에 광고 홍보 이미지와 구매 링크를 올려 주는 경우에도 가격을 책정합니다. 이 역시 작가마다, 채널마다 다르겠지만 회당 1만 원에서 많게는 몇 십만 원까지도 진행하는 것으로 알고 있습니다.

저는 팔로워가 1만 명 미만일 때는 스토리 비용을 따로 책정해도 된다는 것 자체를 몰랐기에 무상으로 업로드를 진행했습니다. 당시 협업한 모 기업의 마케터분이 스토리 업로드를 추가로 요청하면서 제게 비용을 물어보았는데, 처음 받는 질문이라 비용을 가늠하기가 어려워서 오히려 제가 역질문을 했습니다.

"제가 잘 몰라서 그러는데 보통 얼마를 받나요?"

그러자 마케터분이 대답했습니다.

"아, 보통 작가님들은 안 받으시죠."

그래서 '뭐야, 그럼 왜 비용을 물어보신 거지?'라고 생각하며 추가 비용 없이 스토리 업로드를 진행했습니다. 그런데 나중에 다른 인스타툰 작가들과 대화하면서 대부분의 작가가 스토리 업로드에 대한 비용을 따로 받는다는 것을 알게 되었습니다.

다소 황당스러웠지만 회사 측에서는 최대한 마케팅 비용을 낮추는 것이 목표일 것이기 때문에 작가에게 유리한 정보를 제공해 주기는 어렵다는 사실을 깨우친 시간이었습니다.

프로필 링크 or 하이라이트 고정 비용

프로필 링크나 하이라이트처럼 인스타그램 본인 채널의 홈화면에 광고를 고정해 주는 경우에도 비용을 책정해야 합니다. 계정에 방문한 독자들이 쉽게 접근할 수 있는 창구를 내어 주는 비용이기 때문입니다.

이런 비용은 하루당으로 받거나 일주일 같은 특정 단위로 비용을 받을 수 있습니다. 스토리 업로드 비용과 마찬가지로 1일당 1만 원에서 많게는 몇십만 원까지도 진행하는 것으로 알고 있습니다.

브랜디드 콘텐츠 & 2차 라이선스 비용

마지막 비용으로는 브랜디드 콘텐츠나 2차 라이선스 비용이 있습니다. 브랜디드 콘텐츠는 인스타그램 게시물 업로드 시 광고주의 인스타그램 채널을 브랜드사로 등록하여 업로드하는 것을 의미합니다.

브랜디드 콘텐츠는 본문의 상단에 '(브랜드명)과 함께하는 협찬 광고입니다.'라는 문구가 보입니다. 브랜디드 콘텐츠를 진행하면 광고주 측에서는 해당 게시글의 인사이트를 볼 수 있고, 인스타그램 홍보 기능을 활용하여 게시글을 홍보할 수 있는 권한을 갖습니다.

2차 라이선스 비용은 상품 상세페이지, 카카오톡, 페이스북 광고 배너 등 기타 온라인 채널에 협업툰을 광고 소재로 활용 가능한 라이선스 활용 비용을 의미합니다. 예를 들어, 홈페이지의 띠배너나 상세페이지 등에 만화 소스를 활용하는 것을 말합니다.

2가지 모두 1개월 단위를 기준으로 각각 광고 전체 비용의 10~20% 정도를 받거나, 몇십만 원씩 고정 비용을 설정해 두는 경우가 많습니다. 그리고 2차 라이선스 비용의 경우 만화 소스를 활용하는 채널 개수가 늘어남에 따라 비용을 상향시키는 경우가 많습니다.

이렇게 크게 5가지 항목으로 나누어서 광고툰에 대한 비용을 책정합니다. 물론 초기에는 광고툰 기획 및 제작 비용만 받는 경우가 많습니다. 아직 채널의 영향력이 미비하기 때문에 광고를 진행해서 포트폴리오를 쌓고 난 후 채널이 성장하면 다른 항목들도 챙겨 받을 수 있습니다.

| 크리에이터 계정 설정하는 법 |

브랜디드 콘텐츠 기능을 활용하기 위해서는 우선적으로 크리에이터 계정, 즉 비즈니스 계

정으로 전환해야 합니다.

인스타그램 개인 프로필 내 오른쪽 상단 줄 3개 클릭 > 설정 및 개인정보 > 계정 유형 및 도

구 > 프로페셔널 계정으로 전환 > 카테고리 선택 > 크리에이터 계정으로 전환 완료

| 브랜디드 콘텐츠 설정하는 법 |

설정 및 개인정보 > 비즈니스 도구 및 관리 옵션 > 브랜디드 콘텐츠 > 사용 가능 표시 확인

게시글 작성 시 협찬 광고 레이블 추가 > 브랜드 파트너 추가 > 비즈니스 파트너가 홍보할

수 있도록 허용 토글 버튼 ON > 비즈니스 파트너 태그 후 선택

광고툰은 실제로 업로드되기까지 크게 5단계를 거치게 됩니다.

① 협업 문의 및 성사

② 텍스트 콘티 작업

③ 스케치 콘티 작업

④ 채색본 작업

⑤ 최종본 업로드

이 단계에서는 광고주가 작가의 메일이나 DM으로 광고 제품이나 서비스에 대한 안내와 함께 견적을 요구합니다. 작가는 이를 확인한 후 협업 가능한 일정과 견적을 전달합니다. 물론 업체 측에서 사전에 단가와 작업 컷 수를 정해 놓고 문의하는 경우도 있습니다.

견적과 일정을 조율한 후 광고주와 협업이 확정되면 광고 작업에 본격적으로 들어가게 됩니다. 이후로 진행될 단계에는 텍스트 콘티, 스케치 콘티, 채색본 작업 단계가 있습니다. 단계별로 작업물과 피드백을 주고받으며 수정 작업을 하게 됩니다.

프로세스	텍스트 콘티	스케치 콘티	채색 완성본
수정 횟수	2회	1회	1회
수정 범위	콘티 전반 수정 1회, 콘티 일부(대사 등) 수정 1회 가능	콘티 일부(대사 등) 수정 가능	콘티 수정 불가, 채색 수정 가능

그러므로 사전에 콘티 단계별로 수정 범위를 안내하는 것이 좋습니다. 예를 들어, 텍스트 콘티 단계에서는 전반적인 흐름은 수정 가능하나, 스케치 콘티의 경우에는 일부(대사 등)만 수정 가능하다고 명시해 두는 것입니다. 이렇게 하지 않으면 채색까지 완료한 후에 갑자기 내용을 아예 바꾸고 싶다는 요청을 받을 경우 작업을 2배로 하게 되기 때문입니다.

텍스트 콘티 작업

광고툰 텍스트 콘티 작업은 광고주가 전달한 상품이나 서비스의 특장
점을 개인의 경험과 함께 녹여서 스토리를 기획하는 단계를 뜻합니다.

	텍스트	그림 설명
1	명절 잔소리 X같은가요? 늙은이 뱁새 : 취업은? 대학은? 시집은? 뱁새 : (생각) 돈이나 줘요.	1) 절을 받는 어른 뱁새의 잔소리 & 절하는 뱁새, 귀에서 피흘림(한복, 명절 느낌)
2	매년 설, 추석마다 듣는 그 라인업 친척 잔소리 삼형제다! 살 좀 빼라. 연봉은 얼마니? 결혼은 언제 하니?	1) 개노답 삼형제 짤
3	오죽했으면 잔소리 메뉴판까지 나옴 대학은 어디 갈 거니? – 5만 원 취업은 언제 할 거니? – 7만 원 연봉이 얼마니? – 10만 원 이직해야지! 더 좋은 곳으로 – 15만 원 살 좀 빼라. 다이어트해라. – 20만 원 연애는 하니? – 25만 원 결혼은 언제 하니? – 30만 원 애는 언제 낳을 거니? – 50만 원 둘째 안 낳니? – 100만 원	1) 잔소리 메뉴판 짤(궁서체 느낌)
4	근데 믿었던 우리 엄마도… 뱁새 엄마 : 오, 그래 결혼은 언제 하니? 친척 오빠 : 하하, 때 되면 하려고요~ 결혼 드립을 치는 것임 ㄷㄷ 뱁새 : 웁스바리! 엄마 교육시켜야겠다.	1) 웃으면서 대화하는 뱁새 엄마와 친척 오빠 2) 시무룩해진 친척 오빠를 바라보며 놀란 뱁새

작가마다 방식은 다를 수 있습니다. 간단하게는 메모장에 줄글로 적어서 전달하는 경우도 있고, PPT에 칸별로 보이는 대사를 정리하는 경우도 있으며, 엑셀에서 텍스트와 그림묘사 칸을 따로 만들어서 전달하는 경우도 있습니다.

이렇게 전달한 텍스트 콘티를 광고주 측에서 확인하고 피드백을 해주면 작가가 수정 작업을 진행합니다. 수정 없이 진행하는 경우도 있고, 작게는 몇 가지 단어나 표현만 수정하는 경우도 있지만, 경우에 따라서는 스토리 흐름과 내용 전반을 수정하는 경우도 있습니다.

TIP : 텍스트 콘티를 작업하기 전에 만화의 콘셉트와 흐름에 대해 요약해서 미리 전달하면 수정을 최소화할 수 있습니다.

스케치 콘티 작업

수정한 후 텍스트 콘티가 확정되면 스케치 콘티를 그립니다. 채색 없이 라인 드로잉으로 만든 작업물로서 최종적으로 채색하기 전에 만화가 어떻게 그려질지 청사진을 작업하는 과정입니다.

　　작가의 스타일에 따라 스케치 콘티의 형식은 달라집니다. 러프한 스케치로 콘티를 전달할 수도 있고, 채색 직전 단계의 스케치로 작업해도 괜찮습니다. 정해진 형식이 없으니 본인에게 맞는 스타일로 작업하여 전달하면 됩니다.

　　이렇게 전달한 스케치 콘티에 대해 광고주 측의 피드백을 받습니다. 텍스트 콘티에서는 괜찮아 보였던 것도 스케치로 옮기면 어색할 수 있기에 문구, 대사, 그림 등에서 수정사항이 발생할 수 있습니다. 피드백을 확인한 후 다시 반영합니다.

채색본 작업

채색 작업이 진행되는 단계에서는 앞선 내용과 마찬가지로 전반적인 흐름이나 스케치는 변경이 어렵다는 점을 명시해 두는 것이 좋습니다.

채색본 작업은 사실상 최종본 작업입니다. 이 단계에서는 작업이 마무리되면 대부분 수정사항이 발생하지 않습니다.(*채색 관련 수정이 있을 수도 있습니다.)

광고툰을 업로드할 때 함께 올리는 본문 내용은 최종 채색본과 함께 전달하거나, 이후에 요구사항을 전달받아 멘트를 작성하면 됩니다.

최종본 업로드

전달한 채색본, 즉 최종본과 본문 내용 해시태그 등을 광고주가 최종 확인한 후 컨펌해 주면 작가가 업로드 일정에 맞추어 광고툰을 올립니다. 요즘에는 인스타그램에 게시글 예약 게시 기능이 생겨서 작업 완료 후 사전에 예약을 걸어 두면 편리합니다.

최소 컷 수 설정하기

인스타툰 작업 비용을 책정할 때는 컷당 비용뿐 아니라 최소 몇 컷부터 광고를 진행하는지 설정해야 합니다. 최소 컷 수 제한이 없으면 작가 입장에서 작업하기 어려울 수 있습니다. 들어가야 하는 정보가 많은데 컷 수 제한 없이 1컷이나 3컷 정도로 광고를 해 달라는 요청을 받을 경우, 압축적으로 광고툰을 작업하다 보면 내용 전달력이 떨어지기 때문입니다. 그래서 저는 최소 8컷 이상부터 광고 작업을 한다고 사전에 명시하고 있습니다.

채널 업로드 기간 설정하기

   채널 업로드 비용에는 콘텐츠 유지 기간이 포함되어야 합니다. 보통 3개월~1년 정도의 기간으로 진행하고 있습니다. 간혹 영구 게시를 요청하는 광고주가 있다면 금액을 상향해야 합니다.

수정 범위 및 횟수 안내하기

프로세스	텍스트 콘티	스케치 콘티	채색 완성본
수정 횟수	2회	1회	1회
수정 범위	콘티 전반 수정 1회, 콘티 일부(대사 등) 수정 1회 가능	콘티 일부(대사 등) 수정 가능	콘티 수정 불가, 채색 수정 가능

   광고 프로세스와 각 단계별 수정 가능한 범위와 횟수를 사전에 안내합니다. 저는 텍스트 콘티의 경우 2번까지 수정이 가능하다고 안내하고 있습니다. 이 2번의 수정은 콘티 전반 수정 1회, 콘티 일부(대사 등) 수정 1회로 범위를 정했습니다. 스케치 콘티의 경우 1회 콘티 일부(대사 등)

수정 가능하다고 명시해 두었습니다. 채색 단계에서는 콘티 수정 불가, 채색 수정 가능으로 기재해 두었습니다. 횟수와 범위를 초과한 추가 수정 시 발생하는 비용도 기재해 두었습니다.

　작가를 무한 수정의 감옥에서 꺼내 줄 수 있는 보호 장치로서 이런 내용을 사전에 명시하고 있습니다. 예시로 든 수정 횟수는 제 기준으로 정한 것이니 각자의 스타일에 맞게 참고해서 정하면 됩니다.

예상 작업 기간 안내하기

텍스트 콘티 작업		피드백		스케치 콘티 작업		피드백		채색 작업		피드백		업로드
2/28	3/1	3/2	3/3	3/5	3/6	3/8	3/9	3/10	3/12	3/13	3/14	3/15
		1차 전달				2차 전달				3차 전달		

　예상 작업 기간도 설정하여 미리 안내합니다. 텍스트 콘티, 스케치 콘티, 채색본 단계마다 일정을 설정해 공유합니다. 구체적으로 일정을 공유하는 이유는 스스로 작업 기간을 잘 파악하기 위한 것도 있지만, 광고주 측에서 피드백 기간을 지켜주어야 협업 일정에 차질이 없기 때문입니다.

취소 위약금 안내하기

작업 단계에서 일방적으로 협업을 해지할 수 있기 때문에 취소 위약금을 설정해 둡니다.

- 텍스트 콘티 제작 이후 : 상품 금액의 20%
- 스케치 콘티 제작 이후 : 상품 금액의 50%
- 채색 완성본 제작 이후 : 상품 금액의 100%

저는 위와 같이 위약금을 설정해 두었습니다. 아직 한 번도 일방적인 취소를 경험한 적은 없으나, 발생할 수 있는 가능성에 대비하기 위해 사전에 안내하고 있습니다.

저작권 등 유의사항 안내하기

저작권, 추후 수정 가능 여부 등 기타 유의사항을 설정해 두는 것을 추천합니다. 만화의 저작권이 회사에 귀속하게 되면 한 번의 비용으로 계속 내 캐릭터가 활용되는 불상사가 생길 수도 있습니다. 그러므로 산출물에 대한 지적재산권은 작가에게 있음을 명시하는 것이 중요합니다. 계약서에 다음 내용이 포함되면 됩니다.

지적재산권의 귀속

(1) '작가'가 제작하여 완성된 '콘텐츠'의 지적재산권은 '작가'에게 있다.

(2) '작가'가 제작하는 '콘텐츠'는 제3자의 지적재산권을 침해하지 아니하여야 한다.

(3) '회사'는 본 계약에 따라 명시적으로 정한 범위에서 '콘텐츠'를 상업적으로 사용할 수 있는 권한을 가진다.

(4) '회사'가 계약기간이 종료된 후에도 '콘텐츠'를 사용하거나, 본 계약서에 정한 범위 외의 방법으로 '콘텐츠'를 사용하고자 할 경우 '작가'의 동의를 득해야 하며 '작가'와 사용료 등을 별도 협의한다.

계약서 작성하기

협업을 시작하기 전에 계약서를 작성합니다. 계약서 양식은 협업하는 광고주 측에 요청할 수 있으며, 광고주 측에 마땅한 양식이 없을 경우에는 표준 계약서를 수정하여 사용하면 됩니다.

계약서에 아무리 내용이 많더라도 꼼꼼히 다 읽어 보고, 특히 저작권 및 2차 활용이나 비용과 관련해서 잘못된 부분이 없는지 확인해야 합니다.

비용의 경우 입금이 지체될 경우 지체이자를 받는다는 조항을 넣어 두는 것을 추천합니다. 다음 내용을 넣어 두면 입금이 지체되어도 손해금을 청구할 수 있습니다.

"'회사'가 '작가'에게 계약금액을 입금하지 않은 경우 '작가'는 이에 대하여 지연된 날로부터 연 6%의 비율로 계산된 지연손해금을 더하여 청구할 수 있다.'

인스타툰 작가가 수익화할 수 있는 방법은 굉장히 많습니다. 대표적인 방법은 다음과 같습니다.

브랜드 협업 광고는 앞서 언급했던 광고툰으로 대표적인 수익화 방법입니다.

인스타그램 자체 보너스

인스타그램에서 정지된 이미지와 릴스에 대해서 자체적으로 조회수에 대한 보상 '보너스'를 지급하기 시작했습니다. 2024년 초에는 게시글 사이사이에 광고를 노출하여 광고 비용을 받을 수 있는 구조도 추가되었습니다.

인스타그램 구독료 및 기프트

인스타그램 구독 기능으로 팔로워들이 작가를 정기 후원할 수 있는 시스템이 생겼습니다. 릴스에 대한 기프트 기능으로 비정기적으로 작가를 후원할 수 있는 시스템도 생겼습니다.

카카오톡 이모티콘

기존에 인스타툰 연재를 했기 때문에 캐릭터의 인기가 보장됩니다. 이를 기반으로 카카오톡 이모티콘 출시 시 수익이 보장되는 장점이 있습니다.

네이버 OGQ 마켓 스티커

카카오톡 이모티콘의 경우 승인율이 높지 않아 제작해도 출시가 어려울 수 있습니다. 그 이유로 조금 더 승인율이 높은 네이버 OGQ 마켓에 스티커를 출시하여 수익화할 수 있습니다.

라인 이모티콘

한국인 라인 사용자가 적어 수익은 적지만 승인율이 높아 빠른 출시가 가능합니다.

온라인 강의

강의 회사와 협업하여 제작할 수도 있고, 직접 제작하여 독자적으로 강의를 진행할 수도 있습니다. 전자의 경우 회사와 수익을 배분하는 점에서 수익이 적을 수 있습니다. 직접 제작하는 경우 수익을 고도화할 수 있지만 자체적인 홍보가 필수입니다.

그 밖에도 다음과 같은 방법들이 있습니다.

- 오프라인 강의

- 전자책 판매

- 인스타툰 컨설팅

- 책 출간

- 캐릭터 IP 판매(타 회사에 캐릭터 IP를 빌려 주고 비용을 정산받는 형식)

- 머천다이징(직접 독자적으로 굿즈를 제작하여 상품을 판매하는 형식)

- 공동 구매 진행

- 오프라인 페어 참여(굿즈 제작 판매와 유사)

- 외주 만화 작업(다른 채널에 업로드되거나 인쇄되는 만화 작업)

- 외주 캐릭터 제작

- 유튜브 채널 운영

- 작가 커뮤니티 운영

- 웹툰 플랫폼 연재 고료

인스타툰
마인드셋

'1달 만에 10만 팔로워 달성했어요.'

'3달 만에 1만 팔로워 달성했어요.'

이런 문구들을 너무나 많이 봤지만 저는 4년 6개월에 걸쳐 서서히 인기가 많아진 작가로서 그만큼 긴 무명 시절을 겪었습니다. 초창기에 함께 인스타툰을 그리던 작가 10명 중 8명은 계정을 운영하지 않을 정도로 너무나 긴 시간을 인기 없는 작가로 살아 왔습니다. 하지만 포기하지 않고 계속 창작할 수 있었던 것은 끊임없이 멘탈을 강화하고 스스로를 위로해 주었기 때문이라고 생각합니다. 이번 장에서는 4년 6개월 동안 멘탈을 강화했던 방법에 대해 이야기해 보겠습니다.

컨트롤이 가능한 것에 집중하기

인스타툰을 그리면서 기분이 안 좋아지는 상황은 크게 4가지로 정리할 수 있습니다. ① 팔로워가 늘어나지 않아서, ② 반응이 저조해서, ③ 팔로워가 줄어들어서, ④ 악플이 달려서입니다. 이 4가지 상황에 맞닥뜨린 작가들에게 가장 먼저 말해 주고 싶은 것은 '컨트롤이 가능한 것에 집중하라.'입니다.

어떤 캐릭터로 만화를 그릴지 고민하는 것, 캐릭터를 발전시키는 것, 그림체를 개발하는 것, 만화의 주제를 선정하고 재미있는 소재를 발굴하는 것, 스토리텔링을 통해 쫄깃쫄깃한 이야기를 만들어 내는 것, 이것들은 모두 작가가 컨트롤할 수 있는 영역입니다.

하지만 팔로우/언팔로우하는 행위, 좋아요를 누르는 행위, 댓글을 다는 행위 등은 모두 작가가 아닌 독자에게 달려 있는 영역입니다. 그러므로 작가가 할 수 있는 것과 할 수 없는 것을 먼저 인정해야 합니다.

대부분의 작가가 스트레스를 받는 이유는 본인이 아닌 독자가 컨트롤할 수 있는 부분에 집착하기 때문입니다. 저 역시 우울했던 때를 생각해 보면 내가 할 수 있는 것이 아닌 타인의 반응과 인기에 집착했기 때문이었습니다.

팔로워가 늘지 않아 불안 초조해하고, 반응이 저조해서 눈치를 보고, 팔로워가 줄어들면 내가 뭘 잘못하고 있는 걸까 걱정하고, 악플이 달리면 손이 떨리고 기분이 갑자기 나빠지곤 했습니다. 그래서 창작에 몰두하기가 어려워지고 겁이 났습니다.

이는 비단 무명작가뿐 아니라 유명한 작가도 마찬가지입니다. 게시글에 대한 반응을 통제할 수 없는데 이것에 끌려 다니게 되면 지속 가능한 창작 활동이 어렵고 정신적인 스트레스가 극심해집니다. 그러므로 본인이 통제 가능한 부분에 집중하고, 자기 영역에서 최선을 다하는 것이 중요합니다.

이를 위한 구체적인 방법은 앞서 언급한 것처럼 내가 통제 가능한 것을 찾아 그것에 집중하는 것입니다. 먼저 작품의 질을 향상시키는 것에 집중합니다. 캐릭터 개발, 그림체 개발, 인기 있는 소재 탐구 및 발굴, 스토리텔링 능력 및 만화 연출 능력 향상 등 본인이 할 수 있는 선에서 만화의 퀄리티를 올리기 위한 연습과 연구에 몰두할 수 있습니다.

다음으로는 독자와의 소통을 늘리는 것입니다. 일정한 연재 주기로 꾸준히 포스팅하고, 대댓글을 달고 DM으로 열심히 소통하고, 스토리를 올리고, 라이브 방송을 진행하는 등 독자와 끈끈한 관계를 구축하는 데 에너지를 쏟을 수 있습니다. 이런 행동들이 알고리즘이 좋아하는 행동임은 앞선 장에서 이미 언급한 바 있습니다.

또 다른 행동으로는 최근 알고리즘이 적극적으로 밀어주는 릴스를 탐색해 보고 어떤 주제로 릴스를 만들 수 있을지 기획하고 제작하는 데 시간을 쏟는 것입니다. 프레임 애니메이션을 배울 수도 있고, 블렌더와 같은 3D 애니메이션을 배울 수도 있습니다. 이런 식으로 본인을 계발하고 스스로 통제할 수 있는 것에 집중하다 보면 타인의 반응이 저조해서 우울할 시간도 부족할 것입니다.

예를 들어, 무명작가인 A씨와 B씨가 있습니다. A씨는 만화에 좋아요가 달리지 않고, 팔로워도 늘지 않아 우울합니다. 그래서 만화를 그리기가 싫어지고 점점 흥미가 떨어진 상태입니다. 반면 B씨는 본인이 할수 있는 영역에 집중하기로 했습니다. 그래서 만화의 연재 주기를 짧게 하여 주 3회 연재하기로 했습니다. 그리고 주 1회 릴스를 제작하는 데 시간을 쏟고 있습니다. 애니메이팅을 할 줄 몰랐지만 유튜브 강의를 들으며 애니메이션 공부를 하고 있습니다.

B씨는 작가로서 도전해 볼 수 있는 통제 가능한 영역에 집중하여 독자들에게 만족감을 주고자 합니다. B씨와 같은 마음가짐으로 노력한다면 타인의 인정에 상관없이 언젠가 떡상의 기회가 올 것입니다.

물론 인간인 이상 A씨의 마음과 B씨의 마음이 완벽히 분리될 수는 없습니다. 저 역시 독자들의 반응에 기뻤다가 슬펐다가 하는 작가입니다. 하지만 이 이야기를 하는 이유는 가끔은 A씨처럼 내가 통제할 수 없는 것 때문에 우울하고 스트레스를 받더라도 생각을 빠르게 전환하여 B씨처럼 컨트롤할 수 있는 영역에 집중해야 한다고 생각하기 때문입니다. 그렇게 해야 무명 시절을 버텨 낼 수 있습니다. 자기가 통제할 수 있는 부분에 집중하면서 창작해 나가다 보면 내적으로 성장하고 외적으로 발전하는 멋진 작가가 될 수 있을 것입니다.

악플에 대처하는 법

악플이 달리는 상황에 대해 스스로 컨트롤할 수 있는 것이 아님을 인지하더라도 악플을 웃어넘길 수 있는 멘탈을 가진 사람은 적을 것입니다. 특히 태어나서 악플을 받아 본 경험이 있는 사람은 거의 없을 테니 더더욱 충격이 클 수 있습니다.

저 역시 처음 악의적인 댓글이 달렸을 때 무척 당황해서 다른 인스타툰 작가분들에게 대처 방안을 물어보기도 했습니다. 초기에는 댓글로 고정해서 다른 사람들이 볼 수 있게끔 했고, 제가 직접 댓글로 악플에 대한 입장과 태도 개선을 요청하기도 했습니다. 인스타그램 스토리에 업로드해서 독자들로부터 도움을 받기도 했습니다.

어떤 악플러는 적극적인 대처에 사과를 하는 경우도 있었고, 어떤 악플러는 오히려 신이 나서 더더욱 거센 악플을 달기도 했습니다. 이런저런 악플에 대처하면서 깨달은 가장 현명한 방법은 최소한의 에너지를 사용하는 것이었습니다. 즉 악플을 삭제하고 악플러를 차단하는 것입니다. 차단된 악플러는 작가의 게시물을 볼 수 없으니 동일 악플러가 악플을 다시 달 수 없게 됩니다.

그러나 너무 심각한 상황이라면 조용히 법적 조치를 취하는 편이 좋을 것입니다. 악플을 캡처하고 저장한 후 검찰청 민원실에 온라인으로 신고하고 관련 자료를 제출하면 수사관이 배정됩니다. 경찰서에서 몇 가지 대면 질의를 한 후 해당 민원을 통해 고소가 처리됩니다. 저는 악플은 아니지만 저작권 침해와 관련해서 해당 방법으로 신고를 해 본 적이 있는데, 접수받은 수사관이 친절하게 잘 대해 주었습니다.

① 사람을 비방할 목적으로 정보통신망을 통하여 공공연하게 사실을 드러내어 다른 사람의 명예를 훼손한 경우, ② 사람을 비방할 목적으로 공공연하게 거짓의 사실을 드러내어 다른 사람의 명예를 훼손한 경우 형법에 의해 형사 처벌을 받을 수 있습니다. ③ 심한 욕설 행위 등은 모욕에 해당하여 모욕죄로 처벌이 가능합니다.(단순한 농담, 무례, 불친절, 건방진 표현은 모욕에 해당되지 않습니다.)

죄가 인정되기 위해서는 '공연성'이 인정되어야 하는데, 불특정 다수가 인식할 수 있는 상태를 의미합니다. 온라인 공간의 특성상 대부분 공연성이 충족되기에 성립 요건을 갖춘 악플 게시자는 처벌을 받게 됩니다.

이런 조치가 가능하다는 것을 아는 것만으로도 악플에 대해 당황하지 않고 현명하게 대처할 수 있을 것입니다. 가장 간단한 방법은 삭제 후 차단이며, 도가 지나친 악플은 검찰청 민원신고를 통해 온라인 접수하는 방법이 있음을 다시 한 번 알려 드립니다.

악플이 달리는 시기의 특징을 보면 많은 사람에게 만화가 도달, 노출되는 때입니다. 즉 알고리즘의 영향으로 불특정 다수에게 만화가 보일 때 악플이 달리는 경우가 많습니다. 이럴 경우에는 내 만화의 주제나 소재가 눈살을 찌푸리게 하는지 점검해 보고 그런 면이 있다면 조정할 필요가 있습니다. 하지만 만약 적절한 콘텐츠인데 뜬금없이 악플이 달린다면, 칼삭제와 칼차단을 통해 마음의 상처를 최소화하고 콘텐츠에 집중할 것을 추천드립니다.

이에 관련된 부처님의 이야기를 들려드립니다.(참고로 저는 불교 신자가 아니라 천주교 신자입니다.)

옛날에 부처님께서 어느 나라에 방문했을 때 한 사람이 부처님에게 크게 비난을 퍼부었습니다. 그러나 부처님은 아무 반응도 하지 않았습니다. 그러자 제자가 물었습니다.

"부처님 왜 저 사람을 꾸짖지 않습니까?"

부처님이 말했습니다.

"어떤 사람이 네게 선물을 주었다. 그 선물을 받을 사람이 그것을 받지 않으면 그건 누구의 것이 되겠느냐? 그 선물의 주인은 선물을 거절한 사람의 것인가? 아니면 선물을 주는 사람의 것인가? 그는 나에게 비난을 보냈지만 나는 받지 않았다. 그러니 그 비난은 그 사람의 소유다."

법륜스님도 타인이 쓰레기를 주면 쓰레기를 버리는지 간직하는지 물으면서, 쓰레기 같은 말은 그냥 쓰레기통에 버리면 된다고 말했습니다. 즉 악플을 보낸 사람이 준 쓰레기 같은 말을 품에 안고 아파하지 말고, 최대한 빠르게 그 말을 버리라는 것입니다. 비록 쉽지 않겠지만 지속 가능한 창작을 위한 좋은 태도라고 생각합니다. 『법구경』에서는 세상에는 칭찬만 받는 사람도 없고 비난만 받는 사람도 없으니 칭찬과 비난에 너무 흔들리지 말라고 했습니다. 흔들리지 않는 창작자로서 살아가기 위해 멘탈을 단단히 다잡읍시다.

내적 동기 부여하기

내적동기와 외적동기를 설정하여 본인의 창작 활동에 대한 목표를 부여해야 합니다. 목표가 있으면 이를 향해 나가며 겪는 무명 시절과 같은 어려움을 단지 과정의 일부라고 생각할 수 있기 때문입니다.

앞서 언급했지만 다시 한 번 말씀드리자면 뱁새툰을 그리기 시작했을 때의 내적 동기는 '회사에서 하는 일 말고 나만의 일을 하고 싶다. 인류애를 구현하고 싶다. 사람들에게 피식 웃을 수 있는 재미를 주고 싶다.'였습니다. 그리고 외적 동기는 '인스타툰으로 인기도 얻고 돈 벌어서 30살 이전에 퇴사해야겠다.'였습니다. 내적 동기가 분명했기에 인스타툰 작업을 하는 제 자신이 멋지게 느껴졌습니다.

'나만의 일을 한다는 자부심', '소수일지라도 사람들에게 웃음을 준다는 점'에서 뿌듯함이 있었습니다. 외적 보상이 따라 주지 않았던 초창기에도 내적인 만족감을 충만하게 느낄 수 있었습니다. 이후 무명 시절이 지속되었을 때는 좌절감도 있었지만 인기와 무관하게 꾸준히 무언가를 해 나가고 있다는 것 자체가 제가 가진 재능이자 능력이라는 생각이 들었습니다. 덕분에 '속도에 무관하게 나는 뭐든 해 낼 사람이구나.' 하는 자신감을 가질 수 있었습니다.

만약 내적 동기 없이 외적 동기만 가지고 인스타툰을 시작했다면 빠르게 보상을 얻지 못했을 때 금세 창작을 그만뒀을지도 모릅니다. 어쩌면 스마트 스토어, 구매대행, 티스토리 블로그 같은 빠른 보상이 있다는 다른 영역으로 넘어갔을지도 모릅니다. 하지만 인류애 구현이라는 큰 꿈을 가지고 있었기에 만화라는 도구로 사람들에게 웃음을 주는 행위를 지속하고 싶었습니다. 그랬기에 외부의 보상(팔로워, 좋아요, 댓글 수)에 흔들리지 않고 묵묵히 창작 활동을 할 수 있었습니다.

긴가, 짧은가 기간의 문제일 뿐 누구나 처음에는 무명 시절을 겪습니다. 내적 동기는 무명 시절을 버티게 해 주는 지침이 됩니다. 자아실현, 자기표현, 자기효능감 강화, 사회적 가치 실현 등 많은 내적 동기가 있습니다. 내적 동기는 외부적 보상, 처벌 없이 오로지 개인의 내면 욕구와 가치관에 의해 행동이 유발되는 것입니다. 이 동기를 되뇌며 무명 시절의 자신을 믿고, 스스로를 칭찬하고 위하며 자기 계발에 힘쓰다 보면 언젠가 외적 동기가 이루어질 것입니다.

| 성공 후에도 내적 동기를 붙잡아라 |

팔로워 수, 좋아요 수, 댓글 수가 점차 늘어나고, 수익화를 이루더라도 내적 동기를 꽉 붙잡고 있어야 합니다. 저는 창작을 시작한 지 5년 차였던 29살에 인스타툰이 떡상하면서 인기를 얻고, 돈을 벌게 되어 5년간 다니던 대기업을 그만두었습니다. 긴 시간이 걸리긴 했지만 마침내 외적 동기를 이루게 된 것입니다.

하지만 막상 보상을 얻고 나니, 보상의 정도에 따라 오히려 위축되는 스스로를 발견할 수 있었습니다. 한창 인기가 많았던 시리즈는 좋아요 수가 4~5만 개였는데, 이후 좋아요 수가 1만 개, 8,000개, 6,000개, 5,000개… 이렇게 떨어지자 만화를 그리기 싫어지고 재미가 없어졌습니다. 간사해진 제 모습을 되돌아보면서 이렇게 외적 보상에만 목매고 살다가는 지속적으로 창작을 하기 어렵겠다는 생각이 들었습니다.

그래서 다시금 내적 동기를 되뇌면서 사람들에게 재미와 웃음과 감동을 주는 제 자신에게 집중하기로 했습니다. 비단 인스타툰뿐만 아니라 수많은 콘텐츠가 인기 있는 시기와 없는 시기가 있습니다. 그러므로 이에 휘둘리지 않기 위해서는 내적인 충만함으로 지속 가능성을 높이는 것이 중요합니다. 그러니 끊임없이 스스로에게 동기를 부여해 주면서 멘탈을 강화하고 성공적인 작가의 길을 걸어가길 바랍니다.

인스타툰 작가로 오랫동안 창작 활동을 하려면 내면의 창조성에 끊임없이 영양을 공급해 주는 것이 중요합니다. 지속 가능한 창작을 위해 내면 환경을 조성하는 방법으로 저는 2가지 활동을 하고 있습니다. 첫 번째는 아침에 일어나서 일기 쓰기, 두 번째는 나 스스로와 데이트하기입니다.

이 방법은 줄리아 카메론이 쓴 『아티스트 웨이』를 통해서 알게 되었습니다. 이 책은 12주에 걸친 창의성 개발 프로그램을 제안하는 자기계발서입니다. 저는 20대 초반에 우연히 이 책을 알게 되어서 창조성이 막히는 느낌이 들 때마다 꺼내 보곤 했습니다. 이 책에서는 내면의 창조성을 성장시키기 위한 여러 방법을 제시하는데, 저는 여기서 앞서 말한 2가지 방법을 꾸준히 실천하고 있습니다.

◇ 나의 내면과 소통하기 : 모닝 페이지

첫 번째 방법은 '모닝 페이지'입니다. 모닝 페이지는 일종의 일기를 쓰는 행위인데, 기존의 일기와는 조금 다릅니다. 모닝 페이지는 매일 아침 눈을 뜨자마자 의식의 흐름 대로 3쪽 정도 글을 써 내려가는 활동입니다. 어떤 내용이든 상관없습니다. 현재 느끼고 있는 감정, 떠오르는 생각 등 틀에 갇히지 않고 손에 잡히는 대로 마구 쓰는 것이 좋습니다.

예를 들어, 다음과 같습니다.

> 펜을 잡자마자 정말 졸리다. 그렇지만 오늘은 일어나자마자 기분이 좀 좋다. 왜지? 모르겠다. 아 맞다! 오늘 PT가 취소되어서 여유시간이 생겨서 기분 좋아진 듯? 운동 열심히 하려고 했는데 결국 나는 이런 놈이구나. 크크

> 근데 그 친구는 나한테 왜 그런 말을 한 거지? 생각해 보니까 진짜 어이없네. 짜증 나! 사람이 각자 사정이 있을 수 있는데 왜 이해를 안 해 주는 거야? 정말 서운하다. 어떻게 그럴 수 있어? 어제는 당황해서 그냥 사과했지만, 두고두고 열받네.

243

이처럼 본인이 느끼는 감정과 생각을 두서없이, 여과 없이 써 나가면 됩니다. 어떠한 규칙도 정답도 없습니다. 최대한 솔직하게 작성하는 것이 중요하고, 무의식·무비판적으로 적어 나가면 됩니다. 굳이 다시 읽지도 말고 누구에게도 보여 주지 않는 용도로 휘갈겨 작성하면 됩니다.

이렇게 의식의 흐름대로 글을 쓰다 보면 방어기제나 꾸밈없이 무의식에 있는 진짜 감정이나 생각을 이끌어 내는 데 도움이 됩니다. 저 역시 모닝 페이지를 쓰면서 현재 내가 가진 두려움, 목표, 소망, 부러움, 질투 등을 솔직하게 직시할 수 있게 되었고 내면을 들여다볼 수 있었습니다. 아무래도 제대로 직시하지 않은 문제에 대해서는 자꾸 비슷한 생각과 고민을 반복하게 되는데, 모닝 페이지로 적으며 생각을 정리하면 그런 비효율을 줄일 수 있습니다.

이전에 적었던 제 모닝 페이지의 일부를 소개하겠습니다.

오늘은 아침부터 무엇을 할까? 아주 재미있다. 그래 일단 방치해 뒀던 프리미엄 콘텐츠도 어떻게 심폐소생술을 해 보자. 그리고 남친 뺏긴 썰 9탄을 그려 보자! 돌아온 기숙사 썰도 필요해! 남친 뺏긴 썰 이후로는 제목 크기를 조금 줄여 보자. 왜냐면 너무 커서 텍스트 길이가 한정적인 게 있는 것 같다.

그리고 스토리로 무물 받아서 클래스 101 강의를 한다면 어떤 것을 알고 싶은지, 무엇이 궁금한지, 인스타툰 작가를 꿈꾸는 분들이 있다면 어떤 걸 알려 주면 도움이 될 것 같은지 물어봐야겠다.

그리고 이제 이모티콘, 클래스 101을 찍었으니 책 출간하고 싶다. 근데 아무도 책 출간하자는 말을 안 하네? 떼잉! 아무도 말 안 하면 내가 혼자 내야지.

근데 일어나자마자 진짜 일 생각만 오지게 하는구나.

모닝 페이지를 적는 동안 앞으로 어떻게 작업할지도 술술 나오고, 아이디어도 떠오르고, 생각이 자연스럽게 정리되어서 좋았습니다. 또 책을 출간하고 싶다는 등 제게 잠재되어 있던 소망도 바라볼 수 있었습니다.

또 기분이 안 좋을 때 적었던 모닝 페이지를 보면 제가 스스로를 위로해 주기도 하고, 부정적인 감정을 인정하고 수용하면서 내면 소통을 하는 것을 발견할 수 있었습니다.

불안함, 두려움, 속상함 많은 부정적 감정이 나를 감싼다. 이번 시리즈는 잘되길 바랐는데 또 미미한 반응이라는 생각이 든다. 이너피스 이너피스… 그래도 자신감이 좀 줄어드는데? 어떡하지? 제기랄. 이런 감정도 만화로 그려 버려?

맨날 불안해하고 초조해만 하면서 이걸 핑계로 행동을 안 하려고 하는 것 같기도 하고…? 아, 이 감정을 어떻게 활용할 수 있을까? 이 감정은 나에게 무엇을 가르쳐 줄까? 어차피 나에게 와야 할 감정이니까 오는 것이고 내가 느껴야 하는 일이니까 느끼는 것이겠지.

근데 이렇게 깨달은 척, 위로하는 척해도 기분 안 좋다. 어쩌겠냐? 인정해야지. 뭐 어쩌겠냐!!! 기분이 안 좋다고!!! 반응이 없는 콘텐츠를 보고 하하 오히려 좋아! 이럴 수 있는 크리에이터가 있겠냐고… 걍 인정해라. 인정하고 걍 할일이나 하자.

모닝 페이지를 써 나가면서 '머릿속에 맴도는 잡념과 번뇌를 적어 내는 이 행위'가 어쩐지 '아침에 일어나서 화장실에 가는 것'과 비슷하다는 생각이 들었습니다. 나에게 머물러 있는 생각과 감정들을 뇌에서 꺼내 배출해 낼 수 있다는 점에서 배설과 유사하다고 느꼈습니다. 모닝 페이지로 생각과 감정을 비우니 한결 정신 상태가 맑아졌습니다. 조금

비유가 더럽긴 하지만 큰일이나 작은 일을 본 후 몸이 가벼워지는 것과 마찬가지였습니다.(더러운 점 미안합니다.)

어렸을 때는 그날의 사건을 중심으로 일기를 썼고, 다 쓴 일기는 담임 선생님에게 보여 줘야 했습니다. 그리고 일기에 대한 평가도 받았습니다. '참 잘했어요.'라든지, '조금 더 보충해서 써 보세요.'라든지 하는 코멘트가 달렸습니다. 이 때문에 어릴 적에 일기를 쓸 때는 선생님이 보기에 적절한 내용인지 신경 써야 했고, 일기 자체를 숙제로 생각했습니다.

하지만 모닝 페이지는 '담임 선생님' 같은 감독관 없이 온전히 내가 나와 터놓고 대화하는 행위입니다. 그래서 타인의 눈치를 볼 필요가 없습니다. 내가 써 내려간 내용이 도덕적일 필요도 없고, 사회적 시선에 맞추어 조정될 필요도 없습니다. 어떤 평가나 판단 없이 그저 뇌에서 나오는 대로 줄줄 적어 나가는 행위이고, 이 행위는 내면을 자유롭게 풀어 주는 '글로 쓰는 명상'마냥 느껴졌습니다.

참고로 모닝 페이지의 형식에는 제한이 없습니다. 노트에 손으로 작성해도 되고, 메모장이나 일기 앱을 활용해서 작성해도 괜찮습니다. 저는 노션 사이트를 활용해서 모닝 페이지를 작성하고 있습니다. 작성하다 보면 괜찮은 만화 아이디어가 떠오르기도 하고, 잊고 있던 만화 소재가 될 만한 사건이 떠오르기도 했습니다. 그리고 억눌러 왔던 여러 감정과 생각을 마주할 수 있었습니다. 이를 통해 스트레스 해소도 되고 스스로에 대한 이해도 향상되었습니다. 창의적 활동을 지탱할 수 있는 내면의 힘도 생기게 되었습니다.

덮어 놓고 작업만 하다 보면 심신이 금세 지치게 됩니다. 그러다 보면 작업물의 질이 떨어질 수 있고 창작 활동에 대해 부담감이 커질 수 있습니다. 이럴 때 모닝 페이지를 통해 마음의 짐을 털어내고 본인이 지금 원하는 것과 두려워하는 것을 관조하면서 긍정적인 마인드셋을 강화해 보세요. 창조적인 에너지 흐름은 스스로 만들어 나갈 수 있습니다.

나 자신과 데이트하기 : 아티스트 데이트

두 번째 방법은 '아티스트 데이트'입니다. 아티스트 데이트는 일주일에 한 번 정도 스스로와 데이트하는 것을 말합니다. 다른 동행인 없이 온전히 자기 자신과만 함께하는 시간을 가지는 것입니다. 군이 비싼 돈을 들여야 한다거나, 특별한 곳을 가야 할 필요는 없으며 평소에 관심을 가졌던 것, 매력적이라고 느꼈던 것을 탐험하는 활동입니다.

'재미있고 소소하게 즐거운 것을 혼자 해 보는 일', '자신만의 시간을 갖는 일'이라고 보면 됩니다. 저 같은 경우에는 귀여운 엽서 사기, 지브리 전시회 보러 가기, 보고 싶었던 영화 보기 등 소소하게 스스로와 아티스트 데이트를 즐겼습니다.

아티스트 데이트에는 다음과 같은 규칙이 있습니다.

① 데이트 날짜와 약속 시간을 잡을 것

타인과의 약속은 잘 지키지만 스스로와의 약속은 잘 지키지 않는 경우가 있습니다. 나랑만 타협하면 언제든지 시간도 일정도 변경시킬 수 있기에 무언가를 소망하고 있더라도 우선순위에서 밀리면 영원히 그 소망을 이루지 못할 수 있습니다. 그렇기에 남과의 약속처럼 나와의 약속도 데이트 날짜와 시간을 잡고, 이를 변경하거나 미루지 않으며, 중요한 사람을 대하듯이 나를 대해 줘야 합니다.

② 소소하고 단순한 데이트부터 시작할 것

꼭 색다른 경험이 아니더라도 본인이 하고자 했던 것, 소소하고 재미있는 행동부터 데이트를 시작해 봅니다. 예를 들어, 팬시 문구점에 가는 것입니다. 하지만 주의해야 할 점은 약속 시간 중간에 시간을 때우기 위해 가는 느낌은 안 된다는 것입니다. 미술 준비물을 사기 위해 가는 것과도 달라야 합니다. 내가 흥미로워하는 활동을 스스로 함께 해 준다는 느낌으로 다양한 물건을 구경하고, 탐험하고, 기웃거리며 속으로 깔깔거리는 데이트를 할 수 있습니다.

다른 예시로는 혼자서 꾸며 입고 인생 네 컷을 찍으러 간다든지, 자전거를 탄다든지, 산책을 한다든지, 카페에서 책을 본다든지 등이 있습니다. 나 스스로와 여러 가지 유형의 데이트를 해 보면서 내가 뭘 좋아하고 행복해하는지 탐험해 나갈 수 있습니다.

③ 꾸준히 용기를 가질 것

아티스트 데이트를 지속적으로 하기 위해서는 온전히 나와 함께하는 용기를 가져야 합니다. 아무래도 보통의 사람이라면 자기 자신과 데이트를 하기보다는 일을 하거나 집에서 쉬는 등 평범한 일상을 보내는 것이 훨씬 익숙할 것입니다. 그렇다 보니 아티스트 데이트라는 것이 귀찮아지거나 포기하고 싶어질 수도 있습니다. 다른 사람을 만날 시간도 부족한데 나 혼자 논다는 게 상상이 안 갈 수도 있습니다. 하지만 아티스트 데이트를 하면 단조로운 삶에 나와의 데이트가 추가되어 신선하고 새로운 감정을 느낄 수 있고 활기와 영감을 되찾을 수 있습니다.

창작을 하는 사람들 중에는 자신이 컨트롤하지 못하는 영역(타인의 시선, 관심) 때문에 우울감, 좌절감을 얻는 사람이 굉장히 많습니다. 그런 때일수록 스스로 달래 줄 수 있는 데이트 계획을 세워 기분을 전환하는 아티스트 데이트를 추천합니다.

책에서는 일주일에 단 1시간이라도 나와 데이트할 것을 강조하지만, 사실 바쁘기 때문에 어려울 수도 있습니다. 그럴 경우 한 달에 한두 번이라도 가고 싶거나 하고 싶은 나와의 데이트 목록을 작성하여 자신에게 기대감을 주는 방법도 있습니다. 저의 아티스트 데이트 목록을 공개합니다.

1. 옛날 영화 상영관 찾아가기
2. 예쁜 카페에 가서 한 번도 본 적 없는 책 읽기
3. 벚꽃길 산책하기
4. 따뜻한 햇살 아래서 자전거 타기
5. 재즈바 가서 음악 감상하기
6. 코인 노래방 가기
7. 한강에서 돗자리 펴고 누워 있기
8. 프랑스 샹송 외워서 부르기
9. 바다가 보이는 카페에 가서 멍 때리기
10. 내 꿈에 대해서 표로 정리해 보기

거창하지 않지만 소소한 데이트 목록을 작성해서 나와 함께하는 양질의 시간을 조금씩 늘려 나가고 나에 대해 탐구하며 창조적인 의식과 내면의 아티스트에게 영양을 공급한다면 지속적인 인스타툰 창작에 도움이 될 것입니다. 아티스트 데이트를 한 경험이 인스타툰 소재가 될 수도 있습니다.

모닝 페이지와 아티스트 데이트 2가지 방법을 소개하는 이유는 그만큼 창작은 내면의 힘이 뒷받침되어야 하는 업이라고 생각하기 때문입니다. 계속해서 안에서 밖으로 이야기가 꺼내져 나와야 하는데, 내면에 에너지가 부족하면 쉽게 지칠 수 있습니다. 그러니 창의적인 에너지 흐름이 끊이지 않도록 스스로 노력해 보세요.

Instagram

인스타툰이 가져다준
인생의 변화

인스타툰을 그리면서 생긴 제 인생의 변화들에 대해 이야기해 보겠습니다. 저의 변화가 여러분의 창작 욕구를 돋우는 데 도움이 되면 좋겠습니다.

가장 먼저 이야기하고 싶은 것은 제가 인스타툰을 그리고 5년 정도 되던 시점에 퇴사를 하게 된 것입니다. 이렇게 말하면 제가 퇴사할 날만 기다리면서 살던 직장인이라고 생각할 수도 있는데, 사실 저는 다니던 직장에 큰 불만이 있지 않았고, 운이 좋게도 팀원들도 정말 좋고 팀장님도 존경할 수 있는 분이었습니다. 그래서 회사 생활도 엄청 열심히 하고, 남은 시간에 창작을 병행하면서 사부작사부작 조그맣게 꿈을 펼쳐 가고 있었습니다.

그런데 4년 6개월의 무명 시절이 끝나고 어느 순간부터 인스타툰이 잘되면서 선택의 기로에 서게 되었습니다. 회사 생활과 작가 생활의 병행이냐, 아니면 전업 작가 생활이냐 2가지 중 하나를 선택해야 했습니다.

전 3가지 기준으로 전업 작가의 삶을 결정하게 되었습니다. 첫 번째는 꿈, 두 번째는 돈, 세 번째는 체력이었습니다.

먼저 꿈에 대해서 말하자면, 중학생 때부터 세웠던 제 인생의 목표가 인류애 구현이었습니다. 제가 만든 콘텐츠로 많은 사람에게 웃음과 기쁨을 줄 수 있다면, 그것이 제가 할 수 있는 소박한 인류애 구현이라고 생각했습니다. 그래서 회사 생활과 창작을 병행해서 창작 활동의 비중이 줄어드는 것보다 전업 작가가 되는 것이 제 인생의 목적, 즉 꿈에 부합한다고 판단해서 퇴사를 결심하게 되었습니다.

두 번째로는 돈을 전보다 많이 벌게 되었습니다. 회사에 다닐 때보다 3~4배까지도 수익을 얻게 되면서 콘텐츠의 힘과 창작의 영향력에 대해 깨닫게 되었습니다. 그래서 더욱 전업 작가의 삶에 집중할 수 있게 되었습니다.

마지막으로 직장 생활과 창작을 병행하면서 체력이 많이 떨어졌습니다. 하루 8시간 근무 후 다시 또 그림을 그리니 거의 하루 12~14시간을 일하는 꼴이 되더라고요. 그래서 정형외과에 너무 자주 가게 되었고, 손목·허리·목 모두 안 좋아지는 것을 느꼈습니다. 그래서 이러다가는 직장 생활도 창작 생활도 하지 못하게 되겠다는 생각이 들어서 제게 더 소중한 일인 창작을 선택하게 되었습니다.

이렇게 꿈, 돈, 체력 세 박자가 맞아떨어져서 저는 약 5년간 다닌 대기업을 퇴사하게 되었습니다. 그리고 2024년 7월 이 책을 마무리하고 있는 지금 퇴사를 한 지 2년이 조금 넘었고 매우 만족스러운 삶을 살고 있습니다.

제가 꿈꿔 왔던 일이 제 직업이 되었고 저는 날마다 창의적인 일을 할 수 있게 되었습니다. 물론 만화를 그려 낸다는 것은 창작의 고통이 따르고, 타인의 반응에 좌지우지되는 업이라 부담이 있고, 팀원 없이 온전히 혼자 해 내야 하는 일이기에 스스로와 약속을 지키지 않으면 아무것도 굴러 가지 않는다는 단점이 있습니다. 하지만 그런 불편한 점보다 만족하는 점이 훨씬 많기 때문에 저는 인스타툰 작가로 4년 6개월 존버한 것에 대해 후회하지 않습니다.

인스타툰 작가가 된 이후 같이 활동하는 작가들을 만나면서 제가 인스타툰 작가가 아니었다면 결코 만날 수 없었을 다양한 사람을 만날 수 있는 기회가 생겨서 정말 좋습니다. 그리고 이렇게 책도 쓰며 전에는 내 것이 아니라고 생각했던 일들을 할 수 있게 되었습니다. 요즘은 이전과 다른 생각을 하고 다른 느낌을 받으며 새로운 사람으로 보다 확장된 세계에서 살고 있다는 게 느껴집니다.

그러니 진정 창작을 사랑한다면 당장 성과가 없더라도 꾸준히 즐기는 마음으로 창작 활동을 하면 좋겠습니다. 그러다가 언젠가 계정 성장의 기회가 오고 인지도가 생긴다면 인생에도 큰 변화가 생길 것입니다. 제가 이 기회를 잡기까지 4년 6개월이 걸렸는데, 여러분은 그보다 훨씬 짧은 기간 안에 잘되기를 바라고, 잘되고 난 후에도 우여곡절을 유연하게 이겨 내면서 창작자로서의 삶을 잘 즐겼으면 합니다.

실행 가이드북

1. 모닝 페이지를 적어 보고 내 안에 있는 인스타툰 창작에 대한 생각을 살펴봅니다. 두려운가요? 설레나요? 어떻게 하면 더 재미있게 창작을 시작할 수 있을지 스스로에게 질문해 봅니다.

2. 아티스트 데이트를 통해 스스로와 놀아 봅니다. 나는 어떤 걸 좋아하는 사람인지 알아보고 나와 친해지는 시간을 가져 봅니다.

고민은 시작만 늦출 뿐,
지금 당장 인스타툰을 시작하라

"하기나 해.

그냥 하기나 해.

뭐든지 걱정만 많으면

잘될 것도 되다가 안 되니까,

그냥 하기나 해."

그레이의 「하기나 해」라는 노래의 가사입니다. 행동에 앞서 스멀스멀 피어오르는 쓸데없는 고민, 걱정 등의 번뇌를 집어치울 수 있게 도와준 노래입니다. 어떤 분야든 제일 중요한 것은 실천이라고 생각합니다. 인스타툰에 대한 책을 읽고 강의를 들어도 그 이후에 행동으로 이어지지 않는다면 절대로 인스타툰 작가가 될 수 없습니다. 성실하게 행동하는 것, 꾸준하게 용기를 내는 것이 여러분을 무대 위의 작가로 만들어 줄 수 있을 것입니다.

『홀로서기 심리학』이라는 책에 행동과 실천의 중요성에 대한 구절이 있습니다. 그 책에서는 "목표를 향해 정진할 때, 기분이 행동을 이끄는 것이 아니라, 행동이 기분을 좌우한다는 점을 기억하라."며 "중요한 것은 아주 작은 계획이라도 실천에 옮기는 태도이며, 몸을 움직이면 부정적인 생각이 멈추고 무기력했던 기분도 풀린다."라고 했습니다. 실천하는 하루하루가 쌓이면 결국에는 목표 달성에 가까워지는 스스로를 발견할 수 있을 것입니다.

257

이 만화는 2021년에 그린 단편 만화로 당시의 마음가짐을 담았습니다. 긴 무명 기간 동안 꾸준히 세상에 작품을 내보이고 꾸준히 외면당했지만, 그럼에도 나를 계속해서 무대 위의 평가대로 올리는 용기가 있었기에 지금의 제가 있다고 생각합니다.

그러니 여러분도 지금 당장 인스타툰 캐릭터를 그려 보고, 캐릭터의 이름을 지어 보고, 만화 콘티를 짜 보고, 그림을 그려 업로드해 보세요.

행동 계획을 세우고 수행하게 되면 '해냈다!'라는 성취감과 뿌듯함이 생길 것입니다. 그리고 계속 반복하기만 하면 됩니다. 새로운 만화 콘티를 짜 보고, 그림을 그려서 업로드하는 것! 꾸준히 한다면 여러분이 세운 내적, 외적 동기 모두 충족시키는 결과가 나올 수 있을 것입니다.

인스타툰 작가로 만날 수 있는 날을 기대하며, 책을 마칩니다.

긴 글 읽어 주셔서 감사합니다!